Ulrike Dahm

Wie Sie erfolgreich Ihre Beziehung *ruinieren*

18 Wege zur sicheren Trennung

ARISTON

Ulrike Dahm, Jahrgang 1954, ist systemische Familien- und Paartherapeutin mit eigener Praxis in München. Sie hat Zusatzausbildungen in Voice Dialogue, Hypnotherapie, Traumatherapie und EFT. Bislang sind bei Ariston von ihr erschienen: *Starke Frauen sagen Nein!* sowie *Mit der Kindheit Frieden schließen.*

Bibliografische Information der Deutschen Bibliothek

Die Deutsche Bibliothek verzeichnet diese Publikation in der Deutschen Nationalbibliografie; detaillierte bibliografische Daten sind im Internet unter http://dnb.ddb.de abrufbar.

Umschlaggestaltung: Christ | GriesbeckDesign
unter Verwendung eines Motivs von dieKLEINERT
Satz: EDV-Fotosatz Huber/Verlagsservice G. Pfeifer, Germering
Druck und Bindung: GGP Media GmbH, Pößneck
Printed in Germany

ISBN: 978-3-7205-4051-3

Inhalt

Vorwort

Lieber Leser,
dieses Buch zu schreiben, hat mir unheimlich viel Spaß gemacht. Endlich konnte sich nach vier ernsthaften Büchern auch einmal meine humorvolle Seite austoben.

Trennungen sind oft ein schmerzhafter Prozess: Man wird von einem schlechten Gewissen gequält, weil man den Partner verlassen möchte – vielleicht sogar nach einer sehr langen gemeinsamen Zeit. Andererseits kann man sich auch nicht vorstellen, noch weitere Zeit miteinander zu verbringen. Die Lösung ist es, den Spieß umzudrehen und die Partnerin dazu zu bringen, SIE zu verlassen. Es gibt zahlreiche Strategien, wie Sie der Verlassene werden und eigentlich doch der glückliche Gewinner sind.

Ich muss gestehen, ich habe viele der Tipps, die ich Ihnen hier vorstelle, in vergangenen Beziehungen selbst ausprobiert. Peinlich, aber wahr! Und ich erhalte tagtäglich neuen Stoff durch meine Arbeit als Paar- und Familientherapeutin. Dabei habe ich ein gängiges Muster in Partnerschaften beobachtet. Wenn Frauen ihr Herz verschenken, wird die Beziehung schnell zu ihrem Lebensmittelpunkt. Tendenziell rücken sie ihrem Partner eher auf die Pelle und wollen ihn ihrem Wunschbild entsprechend verändern, da sie emotional sehr stark auf ihn ausgerichtet sind. Frauen sind sozusagen der Motor in einer Beziehung. Männer dagegen sind eher ichbezogen und deshalb in der Partnerschaft weniger anspruchsvoll. Haben sie sich erst einmal häuslich eingerichtet, könnte es für sie ewig im gewohnten Trott weitergehen. Männer nehmen verstärkt die passive Rolle ein, in seltenen Fällen können die beiden Muster allerdings auch vertauscht sein.

Das Buch besteht aus zwei Teilen: Am besten ist es, wenn Sie sich zunächst die Trennungstipps für Männer durchlesen und danach in die Anleitungen zum Beziehungsruin für Frauen hineinschauen. Zum einen möchte ich Ihnen aufzeigen, was Sie tun können, dass eine wirkliche Beziehung erst gar nicht zustande kommt, zum anderen lege ich dar, wie Sie Ihre Partnerin, sollten Sie bereits eine Beziehung eingegangen sein, wieder loswerden können. Die Reihenfolge der Trennungstipps ist nicht wie eine Gebrauchsanleitung zum Anschließen der neuen Musikanlage aufbereitet, das heißt jeder Tipp steht für sich allein, und selbstverständlich ist es eine Typsache, welche Strategie Sie persönlich anspricht. Auch sind nicht alle Methoden auf jede Beziehung anwendbar. Für Verheiratete oder beispielsweise Paare, die schon länger zusammenleben, eignen sich andere Tipps als für Paare, die erst seit Kurzem zusammen sind.

Es steht Ihnen frei, das Buch auf zweierlei Arten zu lesen, denn die Bedeutung der Botschaft bestimmt bekanntlich immer der Empfänger. Einerseits ist es ein Ratgeber, der Ihnen zeigt, wie Sie die Nerven Ihrer Partnerin problemlos überstrapazieren und Ihre bessere Hälfte schnell vergraulen können. Andererseits können Sie zwischen den Zeilen herauslesen, wie Sie sich *nicht* verhalten sollen, wenn Ihnen Ihre Partnerin etwas bedeutet. Je nachdem, was Sie für die Zukunft Ihrer Beziehung planen, wird Ihnen dieser Ratgeber bei der Umsetzung Ihrer Pläne behilflich sein. Wie auch immer Sie das Buch nutzen wollen, ich wünsche Ihnen viel Spaß beim Lesen!

Besonders bedanken möchte ich mich an dieser Stelle bei Stefan Kasberger und Boris Pikula, die mir mit ihrem trockenen Humor immer wieder hilfreich zur Seite standen und mir den einen oder anderen Einfall lieferten. Viel zu verdanken habe ich der Provokativen Therapie von Frank Farelly und seiner deutschen Stellvertreterin Eleonore Höfner, die ein herrlich komisches Kabarett zum Thema »Die Kunst der Ehezerrüttung« gemacht hat.

Partnerschaft – Wie man den Partner schafft

Die Ehe ist ein Übel,
ein bittersüßes Joch.
Sie gleicht fürwahr der Zwiebel,
man weint und isst sie doch.
(Verfasser unbekannt)

Vielleicht zweifeln Sie bereits längere Zeit daran, dass Ihre Partnerin die Richtige für Sie ist. Sie wollen sich trennen, haben es aber bisher noch nicht geschafft. Es kann sein, dass Sie unzufrieden sind, weil der Sex aus Ihrer Partnerschaft verschwunden ist, Sie aber darauf nicht verzichten wollen. Ihre Partnerin will zwar keine Intimitäten mehr, hat aber dennoch nicht vor, sich zu trennen. Mit meinem Buch möchte ich Ihnen zeigen, wie Sie die Sexmüde wieder loswerden können. Vielleicht dümpelt Ihre Beziehung seit Jahren auch nur noch vor sich hin. Sie hat keine Höhen und Tiefen und ist todlangweilig. In Ihnen kristallisiert sich immer mehr ein Gedanke: Das kann doch nicht alles gewesen sein! Recht so! Sie haben Besseres verdient als mit fünfunddreißig auf dem Sofa zu versumpfen. Befolgen Sie die Tipps, und SIE wird bald das Weite suchen. Oder sind Sie vielleicht gerade in Gefahr, eine neue Partnerschaft einzugehen, weil Ihnen die Hormone die Sicht vernebelt haben? Am Ende haben Sie sogar vor Kurzem geheiratet, bereuen es aber jetzt schon? Dann ist dieses Buch genau das Richtige für Sie. Es gibt Ihnen eine detaillierte Anleitung an die Hand, wie Sie ohne schlechtes Gewissen Ihre Partnerin in null Komma nichts wieder loswerden können.

Beziehungsratgeber gibt es in Hülle und Fülle. Sie wachsen uns schon aus den Ohren heraus – und helfen meist doch nicht. Es scheint unmöglich, dass zwei so unterschiedliche Wesen wie Mann und Frau miteinander klarkommen könnten. Und ist dies überhaupt erstrebenswert? Wozu der ganze Beziehungsfrust? Das fragen sich vermutlich tausende Paare quer durchs ganze Land. Denn: Männer und Frauen passen einfach nicht zusammen. Sie fühlen sich in der Gegenwart ihrer gleichgeschlechtlichen Artgenossen viel wohler. Das zeigt sich beispielsweise in dem alten Muster, das man bei sonntäglichen Spaziergängen beobachten kann. Sind zwei Paare unterwegs, so geht grundsätzlich die Frau mit der Frau und der Mann mit dem Mann. Dennoch treibt uns der Drang zur Fortpflanzung immer wieder hin zum anderen Geschlecht. Aber muss daraus gleich eine Beziehung werden?

Seien wir doch einmal ehrlich. Kennen Sie eine wirklich glückliche langjährige Partnerschaft? Um uns herum nur Sodom und Gomorrha! Laut Statistik wird jede dritte Ehe in Deutschland geschieden, in Großstädten sogar jede zweite. Das gibt zu denken. Und dabei berücksichtigen die Statistiken nicht einmal die unverheirateten Paare, die sich wieder trennen! Die Dunkelziffer ist also viel höher als angegeben. Die Ehe als lebenslange Gemeinschaft hat ausgedient, sie passt nicht mehr in unsere schnelllebige Zeit. Das Modell der Lebensabschnittsgefährten ist angesagt. Fortgeschrittene bringen es sogar zum Tagesabschnittsgefährten.

Beziehungen selbst zu beenden, ist anstrengend und endet fast immer mit schlechtem Gewissen. Es ist einfach unangenehm, jemandem offen zu sagen, dass die Beziehung für Sie vorbei ist. Da ist es doch viel bequemer, dafür zu sorgen, dass die Partnerin freiwillig geht. Dabei kann Ihnen dieses Buch helfen. Wenn Sie die vorgeschlagenen Tipps befolgen, werden Sie auch die anhänglichste Frau in die Flucht schlagen.

Langjährige Beziehungen sind meist ziemlich langweilig, der Sex ist mau, der Alltag grau. Wie aufregend war es mit ihr noch in der ersten Verliebtheitsphase! Aber diese Zeit ist ein für alle Mal vorbei. Schon nach wenigen Jahren oder manchmal sogar Monaten des Zusammenlebens geht in Ihrer Liebsten eine erstaunliche Wandlung vor. Aus dem liebestollen Vamp wird ein quengelndes Hausmütterchen. Deshalb frage ich Sie, lieber Leser: Erscheint es Ihnen wirklich erstrebenswert, eine Dauernörglerin und Putzteufelin, die keine erotischen Interessen mehr zeigt, an Ihrer Seite zu haben? Wollen Sie wirklich Problemgespräche ohne Ende führen? Und wer garantiert Ihnen, dass Sie sich nicht eine Zicke geangelt haben, die nach der Hochzeit hysterisch Ihre gesamte Aufmerksamkeit einfordert?

Warum also nicht auf zu neuen Ufern? Machen Sie es sich leicht, suchen Sie das schnelle Abenteuer, den Rausch der Verliebtheit, lassen Sie sich auf keinen Fall zu tief auf eine Frau ein! Bleiben in Ihrem Herzen ein Single, auch wenn Sie wechselnde Partnerinnen haben. Sie müssen heutzutage nicht mehr nächtelang durch Kneipen oder Discos ziehen. Im Zeitalter des Internets gibt es überall Ersatz. Melden Sie sich einfach bei einer Partnerbörse an, dort gibt es Auswahl in Hülle und Fülle! Sie blättern geschwind wie in einem Katalog, und schwupps – da sind sie, die begehrenswerten Singles aus dem ganzen Land. Wozu sich also mit langwierigen Beziehungsproblemen herumplagen? Am besten stolpern Sie von einer Verliebtheit in die andere! Außerdem kurbeln Trennungen die Wirtschaft an, die Immobilienmakler, Steuerberater, Scheidungsanwälte, Singlebörsen, Möbelhäuser und nicht zuletzt Paartherapeuten wie ich freuen sich! Tragen Sie aktiv zum Wirtschaftswachstum bei! Verplempern Sie nicht Ihre wertvolle Lebenszeit mit einem langweiligen Beziehungsalltag oder Dauerkrächen. Schließlich lebt man nur einmal. Sie haben etwas Besseres verdient!

Leider fehlt es bisher an detaillierten Anleitungen, wie Sie eine Beziehung erfolgreich in den Sand setzen können. Und diese Lücke möchte ich mit diesem Buch schließen. Es bietet beiden Geschlechtern maßgeschneiderte Strategien, wie sie ihre Partner schnellstmöglich loswerden können. Vielleicht haben Sie in Ihren Eltern ja bereits gute Vorbilder in Sachen Ehezerrüttung gehabt. Sie haben sich gestritten bis aufs Blut, sich gegenseitig niedergemacht, bekämpft oder still vor sich hingelitten, um dann schließlich den letzten Schritt doch nicht zu wagen und sich weiterhin gegenseitig unglücklich zu machen. Diesen Fehler können Sie vermeiden, wenn Sie die hier aufgeführten Ratschläge beherzigen. Ich garantiere Ihnen, Ihre Partnerin wird in kürzester Zeit schreiend davonrennen.

Die Beziehungszerrüttung ist eine hohe Kunst. Männer müssen dabei natürlich anders vorgehen als Frauen, schließlich haben Frauen andere Stärken und wunde Punkte als Männer. Auch ihre Waffen sind anders. Auch wenn Frauen in der Regel die besseren Beziehungsdemontierer sind, muss das nicht heißen, dass es für Männer nicht auch hervorragende Strategien gäbe, eine Frau loszuwerden, wenn sie denn einmal ihre Zerrüttungsträgheit überwunden haben.

Um es Ihnen leichter zu machen, Ihre nervende Partnerin loszuwerden, habe ich hier die besten Tricks und Tipps für Männer zusammengestellt. Sie speisen sich sowohl aus meiner persönlichen Erfahrung als auch aus meiner langjährigen Tätigkeit als Paar- und Familientherapeutin. Falls Sie also, wie ein Küchenhersteller wirbt, »Ihre Alte« entsorgen wollen, hier ein paar hilfreiche Vorschläge.

Trennungstipps für Männer

Die Ehe ist ein Versuch,
zu zweit wenigstens halb so glücklich zu werden,
wie man alleine gewesen ist.
(Oscar Wilde)

Frauen übernehmen in der Regel wie gesagt den aktiveren Part bei der Zerrüttung einer Beziehung. Männer sind eher scheidungsträge. Aber gerade diese Eigenschaft können Sie erfolgreich nutzen. Je passiver Sie sind und je mehr Sie sich zurückziehen, desto mehr wird Ihre Liebste zur Höchstform auflaufen, Sie bedrängen, an Ihnen herumnörgeln und Sie zu verändern versuchen. Halten Sie sich deshalb mit Liebesbekundungen und in Ihrem Engagement immer vornehm zurück, und Ihre Partnerin wird Ihnen umso mehr auf die Pelle rücken. Die beiden Muster »Angriff« und »Flucht« greifen wunderbar ineinander. Lassen Sie sich nicht einreden, Sie sollten sich mehr für die Beziehung engagieren, denn dann wird sich Ihre Partnerin zufrieden zurücklehnen. Nichts tun, Gleichgültigkeit und die Prioritäten außerhalb der Familie ansiedeln – das sind die wertvollsten Ressourcen im männlichen Beziehungskampf!

Schlussendlich müssen Sie sich darum bemühen, Ihren Wert in den Augen Ihrer Partnerin zu mindern. Keine Frau will einen ungewaschenen Halunken, faulen Tunichtgut, rohen Fiesling, notorischen Flirter und erotischen Versager. Die folgenden

Tipps helfen Ihnen dabei, jedes Vertrauensverhältnis nachhaltig zu zerstören und Ihren Schatz dazu zu bringen, Sie zu verlassen. Und genau das ist unser Ziel! Also lassen Sie keine Hoffnung auf Besserung aufkommen, spielen Sie nicht den harten Macho mit weichem Kern und verkneifen Sie sich unbedingt jeglichen harmonischen Beziehungsmoment neben der Zigarette nach dem Beischlaf. Wenn Frauen glauben, sie könnten einen Mann retten und verbessern, dann versuchen sie es auch, wieder und wieder und wieder. Dem müssen Sie schon im Vorfeld entgegenwirken! An Ihnen muss Hopfen und Malz verloren sein. Täuschen Sie Besserung höchstens vor, machen Sie kleine, zaghafte Fortschritte und lassen Sie sich dafür belohnen, nur um dann gekonnt in alte Gewohnheiten zurückzufallen. Sie können das! Wer dazulernt, verliert! Denn Ihre Freiheit bekommen Sie erst wieder, wenn Ihre Partnerin nicht mehr an eine gemeinsame Zukunft glaubt. Und denken Sie immer daran: Das Wort »Lebensgefährtin« ist von »Lebensgefahr« abgeleitet.

Wehret den Anfängen!

Bereits beim Kennenlernen gibt es einiges zu beachten, damit eine richtige Beziehung erst gar nicht zustande kommt. Der Mann als die Krönung der Schöpfung hat es verdient, nur das Beste zu bekommen. Seien Sie also ruhig anspruchsvoll. Suchen Sie sich eine Frau, die mindestens zehn Jahre jünger ist als Sie; besser wären – falls Sie schon an Jahren gereift sind – zwanzig bis dreißig Jahre. Junge Frauen sind noch biegsam und nach Ihrem Geschmack formbar. So eine nette Gespielin fürs Bett brauchen Sie nicht ernst zu nehmen und sie kann Ihnen als reifem Mann nicht das Wasser reichen. Machen Sie also keine Kompromisse!

Vielleicht suchen Sie sich aber auch eine unerreichbare Frau aus, zum Beispiel eine, die schon vergeben ist. Verheiratete Frauen sind dankbar für ein paar nette Stunden und kehren dann wieder ins familiäre Nest zurück. Sie sind das Sahnehäubchen in Ihrem tristen Alltag, was kann Ihnen Besseres passieren? Drängen Sie niemals eine gebundene Frau, sich von ihrem Partner zu trennen. Sie könnte es unter Umständen tatsächlich tun! Singen Sie stattdessen ein Loblied auf die Ehe und zeigen Sie sich reuig, weil Sie in eine ach so wunderbare langjährige Beziehung eingedrungen sind. Die Kinder würden eine Trennung von Mama und Papa sicher nicht verkraften, deshalb soll Ihre Geliebte auf keinen Fall auf den Gedanken kommen, ihre Familie für Sie aufzugeben. So schließen Sie das Risiko einer festen Beziehung von vornherein aus.

Sie können sich auch für eine erfolgreiche Geschäftsfrau entscheiden, die mit ihrem Beruf verheiratet ist. Am besten wohnt sie in einer anderen Stadt und ist ständig auf Reisen. Sollte Ihnen aber auch diese Bindung zu eng werden, können Sie eine völlig andere Strategie fahren: Rufen Sie sie ständig an, sagen Sie ihr, dass Sie ohne sie nicht leben können und dass Sie sie brauchen. Verfolgen Sie diese Frau mit E-Mails und SMS und machen Sie ihr ein schlechtes Gewissen, wenn sie mal wieder keine Zeit hat. Sie wird sich schnell von Ihnen verabschieden.

Sollten Sie sich wider Erwarten doch verliebt haben, gilt es besonders wachsam zu sein. Ihre Hormone tanzen Tango, Ihre Sinne sind getrübt. Jetzt neigen Sie dazu, sich von Ihrer besten Seite zu zeigen. Tun Sie das nicht! Es rächt sich später. Seien Sie einfach so, wie Sie sind. Betonen Sie in jedem Satz Ihr Freiheitsbedürfnis, lassen Sie keine Zweifel daran, dass Sie beruflich über die Maßen engagiert sind. Schauen Sie dem Objekt Ihrer Begierde nicht in die Augen, sondern starren Sie stattdessen fasziniert auf ihren wohlgeformten Busen. Ein schmutziger

Witz hie und da kann auch nicht schaden. Nur Mut! Ihre Authentizität wird sich auf jeden Fall auszahlen. Werden Sie auf keinen Fall plötzlich zu einem Gentleman der alten Schule! Sie wissen ja, Frauen lieben es, wenn man sie zum Essen einlädt, ihnen die Autotür aufhält und ihnen Komplimente macht. Aber das ist nicht nur anstrengend, sondern könnte auch noch dazu führen, dass die Frau es sich in den Kopf setzt, Sie zu behalten. Also lassen Sie das am besten von vornherein sein. Achten Sie nicht auf Ihren Alkohol- und Zigarettenkonsum, um einen positiven Eindruck zu erwecken. Trinken und rauchen Sie so viel wie immer!

Sollte Ihre Neueroberung trotz Ihrer Bemühungen wie eine Klette an Ihnen hängen, verzagen Sie nicht. Je mehr sie klammert, desto mehr Grund haben Sie, auf Abstand zu gehen. Das ist doch nur logisch. Bleiben Sie unnahbar, gehen Sie nicht ans Telefon, antworten Sie auf keinen Fall auf SMS. Irgendwann gibt sie mit Sicherheit auf, und der Weg für ein neues Abenteuer ist frei.

Das Ja-Wort

EHE = Errare Humanum Est
(Robert Lembke)

Sollten Sie dennoch in einer ernsthaften Beziehung gelandet sein, gilt es nun, die Eheschließung zu vermeiden. Und oft bringt das eine auch das andere mit sich: Ihre Freundin trennt sich, wenn keine Aussicht auf eine Heirat besteht.

Frauen wünschen sich, dass sich der Mann ihres Herzens zu ihnen bekennt. Sie schwingen sich zu Höchstleistungen auf, nur um ihm ein »Ich liebe dich« zu entlocken. Einfallsreicher und häufiger Sex, köstliche Vier-Sterne-Menüs, perfektes Styling und viel Verständnis für die Belange des Mannes sind nur einige der Zutaten, mit denen Frauen versuchen, Männer an sich zu binden. Sind die Zauberworte endlich von männlicher Seite ausgesprochen, so hält die Zufriedenheit der Frauen aber nur kurze Zeit an. Je intensiver die Beziehung wird, desto stärker wird in Frauen der Wunsch nach der Legalisierung der Bindung. Sie wollen die Aufzucht der zu erwartenden Brut und sich selbst geschützt wissen. Eines muss Ihnen klar sein: Die Balzerei in der Anfangszeit dient ausschließlich einem Ziel: der Eheschließung.

Hier ist äußerste Vorsicht angesagt, denn wie wir alle wissen, haben Frauen die Angewohnheit, nach Abschluss des Vertrages in ihren Leistungen nachzulassen, da sie dann keinen Grund mehr sehen, sich anzustrengen. Die sexuelle Bereitschaft der geehelichten Frau nimmt drastisch ab, sie achtet nicht mehr auf ihr Aussehen, statt einer üppigen Mahlzeit steht plötzlich eine Fertigpizza auf dem Tisch, und so mancher Engel verwandelt sich nach der Hochzeitsnacht in eine nörgelnde Furie, die den Mann zur häuslichen Zwangsarbeit verdonnert. Kein Wunder also, dass Männer eine regelrechte Heiratsallergie haben.

Spätestens wenn Ihre Partnerin beim Einkaufsbummel verträumt in die Schaufenster der Juweliergeschäfte guckt oder auf dem Wohnzimmertisch die von der Freundin abgelegten Hochzeitsmagazine liegen, sollten Sie schleunigst etwas unternehmen. Jetzt müssen Sie eindeutig Stellung beziehen, sonst bekommen *Sie* am Ende noch von *ihr* einen Heiratsantrag. Auch Frauen werden diesbezüglich immer erfinderischer. Wenn Sie nicht höllisch aufpassen, dann erschallt beim nächsten Besuch im Fußballstadion plötzlich eine Durchsage: »Hans-Peter, willst du mich heiraten?« Und mit so viel Publikum im Nacken wird es äußerst schwierig sein, den Antrag abzulehnen.

Aber Sie können sich gegen diese weiblichen Raffinessen wehren und den Spieß umdrehen: Wenden Sie das Hochzeitsthema gegen Ihre Partnerin, indem Sie ihr ganz praktische, aber wenig romantische Fragen stellen, die Ihre Meinung und Ihre Pläne illustrieren: Warum kann man mit einer Frau nicht einfach ohne Ring am Finger zusammen sein? Was spricht heutzutage noch für die Ehe, wo doch jede zweite bis dritte zerbricht? Machen Sie Ihrer Liebsten deutlich, dass es außer den steuerlichen Vorteilen für Sie keinen wirklichen Grund zum Heiraten gibt. Das wird sie tief verletzen, denn Frauen sind hoffnungslose Romantikerinnen. Versetzen Sie ihrem Herz den Todesstoß und rauben Sie ihr ein für alle Mal die Illusion, es gäbe auf der großen, weiten Welt nur *einen einzigen* Menschen, nämlich *sie*, der Ihrer Liebe wert ist. Ob blond, ob braun, Sie lieben alle Frauen! Und zufällig ist die Wahl nun mal auf Ihre Partnerin gefallen. Es hätte auch Susi, Beate oder Jeannette sein können. Dieser ganze Glaube an den wahren Seelenpartner ist doch Kinderkram!

Sagen Sie Ihrer Lebensabschnittsgefährtin also klipp und klar, wie Sie die ganze Sache sehen: Die Zukunft Ihrer Beziehung ist ungewiss. Schon morgen kann Sie eine neue Liebe wie der Blitz treffen – das ist nun mal Realität! Damit muss sie sich abfinden. Schlagen Sie also vor, den Moment zu genießen, denn ein Versprechen für die nächsten zwanzig Jahre können und wollen Sie nicht geben. Sie sind nicht bereit, sich Fesseln anlegen zu lassen. Dafür soll sie sich besser einen anderen suchen – was sie auch tun wird, denn mit solchen Ansichten kann keine heiratswillige Frau leben.

Männer müssen nicht schön sein

Es gab einmal eine Zeit, da wurde der Wert eines Mannes mehr nach seinem Status als nach seinem Aussehen bemessen. Er musste seine Frau und seine Familie einfach nur gut versorgen können – mehr wurde nicht von ihm verlangt. Doch diese Zeiten sind vorbei. Längst gibt es für Männer eigene Abteilungen in Drogeriemärkten und Parfümerien, Schönheitsoperationen für das starke Geschlecht und Männermagazine, aus denen deutlich hervorgeht, dass Frauen nicht nur auf innere Werte stehen. Sie können diese neuen Ansprüche an den Mann hervorragend als Trennungsstrategie anwenden, allerdings nur, wenn Ihre Eitelkeit dies zulässt.

Denn: Sie müssen diesen neumodischen Schnickschnack nicht mitmachen, schon gar nicht dann, wenn Sie keine tiefere Bindung eingehen wollen. Lassen Sie sich auf keinen Fall von den Medien einreden, Männer sollten ebenso wie Frauen auf ihr Äußeres achten. Die ganzen Cremes, Parfums, After Shaves und anderen Kosmetikartikel sind doch eher für metro- und homosexuelle Männer. Oder haben Sie schon mal eine Frau in Begeisterungsstürme ausbrechen sehen, weil ein Mann eine Gurkenmaske auflegt, seine Beine enthaart oder zur Kosmetikerin geht? Ein ganzer Kerl wie Sie braucht so etwas nicht. Morgens ein paar Spritzer Wasser ins Gesicht und damit hat sich's. Ein Mann muss wie ein Mann riechen, ursprünglich, verschwitzt. Das gibt ihm etwas Verwegenes. Was ist sexier als Männerschweiß? So weit die Theorie. Aber: Im Schweiß sind zwar angeblich Pheromone enthalten, die das Weibchen anlocken, jedoch hassen Frauen nun mal Männer, die ungepflegt sind und stinken, also müffeln Sie ruhig vor sich hin, wenn Sie Ihre Partnerin möglichst schnell loswerden wollen. Schlurfen Sie ungekämmt und im Jogginganzug durchs Haus, die tägliche Dusche ist reine Wasserverschwendung. Bleiben Sie ein ganzer Kerl!

Auch die Garderobe bietet genug Zündstoff für ernsthafte Krisen, die im besten Fall zur Trennung führen: Frauen kleiden bekanntermaßen nicht nur sich, sondern auch ihre Männer gerne ein. Sie wünschen sich, dass ihr Süßer gut gestylt ist, sie ihn mit Stolz anschauen und ihren Freundinnen vorführen können. Lassen Sie sich dafür nicht missbrauchen. Bestehen Sie darauf, dass Ihre Kleidung zweckmäßig ist, nicht mehr und nicht weniger. Besondere Vorsicht ist geboten, wenn Ihre Liebste Sie unter dem Vorwand, den Lebensmittelgroßeinkauf machen zu wollen, ins nächste Einkaufszentrum schleppt und dann ganz zufällig noch ins benachbarte Kaufhaus gehen möchte, wo es gerade so viele Sonderangebote geben soll. Der Pulli vom Flohmarkt, den Sie schon fünf Jahre tragen, tut es doch noch. Das T-Shirt hat ein Loch am Ärmel – na und? Schließlich haben Sie andere Qualitäten. Geben Sie Ihrer Partnerin ein für alle Mal zu verstehen, dass Ihnen Äußerlichkeiten nicht wichtig sind. Starten Sie einen Gegenangriff und unterstellen Sie ihr Oberflächlichkeit! Wenn einer in der Familie (nämlich sie) schön ist, dann reicht das vollkommen (aber Vorsicht: Seien Sie mit den Komplimenten sparsam, sonst verfehlen Sie womöglich Ihr Ziel!). Ihre Weigerung wird sich auf Dauer auszahlen, schließlich möchte keine Frau gerne mit einem ungepflegten Räuber Hotzenplotz das Bett teilen, geschweige denn in der Öffentlichkeit erscheinen.

Frauen kann man es nicht recht machen!

Also versuchen Sie es erst gar nicht! Mit diesem Glaubenssatz haben Sie einen ausgezeichneten Beziehungskiller an der Hand. Frauen sind bekanntlich wankelmütig und höchst anspruchsvoll. Jeder Versuch, ihre Bedürfnisse zu befriedigen, muss daher ohnehin fehlschlagen. Was Frauen alles wollen, kann kein normaler Mann erfüllen. Haben Sie eine Frau schon mal nach den Kriterien gefragt, die ihren Traummann ausmachen? Hier sind sie:

Um eine Frau zufriedenzustellen, sollten Sie:

- bester Freund
- leidenschaftlicher Liebhaber
- kreativer Koch
- liebevoller Vater
- geschickter Handwerker
- verständnisvoller Bruder
- anspruchsvoller Inneneinrichter
- versierter Elektriker
- umsichtiger Chauffeur
- begnadeter Masseur
- einfühlsamer Therapeut
- Gentleman der alten Schule
- intelligenter Gesprächspartner
- mutiger Held
- kundiger Gynäkologe
- hellsichtiger Telepath
- zahlungsfähiger Ernährer
- schlicht und ergreifend der Traum jeder Schwiegermutter sein.

Doch selbst wenn Sie all diese Kriterien erfüllen, garantiert Ihnen das noch lange nicht, dass Ihre Liebste glücklich ist. Kaum sind Sie einem Wunsch nachgekommen, schon sind fünf neue Wünsche entstanden. Mühsam haben Sie sich an das Datum ihres Geburtstages erinnert, da hält Ihre Frau Ihnen vor, Sie hätten aber auch an den Jahrestag ihrer ersten Begegnung, den Hochzeitstag, den Valentinstag und das Datum Ihres ersten Geschlechtsverkehrs denken können.

Eine Frau zufrieden stellen zu wollen, gleicht dem Vorhaben, ein Nilpferd zum Tanzen zu bringen. Schon Loriot* hat das in seinem Abendkleider-Sketch auf den Punkt gebracht. Aber zum Beweis dieser Tatsache genügt bereits ein Blick in die Umkleidekabinen unserer Klamotten-Geschäfte.

Szenen wie die folgende, deren Zeugin ich erst kürzlich in einem großen Kaufhaus wurde, können armen Männern den letzten Nerv rauben:

SIE: Schahatz, schau mal, wie steht mir diese Jeans?
ER: Hmmm ..., sehr schön.
SIE: Wie, »sehr schön«?
ER: Du siehst sehr nett aus damit.
SIE: Nett?! Ist das dein Ernst?
ER: Öhmm ...
SIE: Wenn du nett sagst, meinst du also eigentlich langweilig, ja?
ER: ... Nein, also ...
SIE: Oder noch schlimmer! Fett ... Du meinst fett, oder? Du kannst es mir ruhig sagen ...
ER: Liebling ..., nein ...! Ich ... also, ... du siehst ganz entzückend aus mit der Hose!

---

* Loriot: *Männer & Frauen passen einfach nicht zusammen.* Diogenes Verlag 2006

SIE: Wirklich?
Na gut ... *(überlegt)*
Findest du nicht auch, dass sie perfekt zu dem braunen Wollpulli passt, den ich letztens anhatte?

ER: Ähhh ..., welcher Wollpulli?

SIE: Du erinnerst dich nicht ...?!
Dabei hast du gesagt, dass er mir so gut steht!
Also ist es jetzt in Wirklichkeit so, dass ich dir überhaupt nicht gefallen habe, ja?!
Denn sonst wüsstest du ja wohl noch, von welchem Pulli ich spreche!

ER: Aber ... das sagt doch niemand!

SIE: Du warst der Meinung, er würde meine Augen so schön betonen!

ER: Braun steht dir ja auch wirklich gut, Schatz! Ich kann mich eben nur nicht mehr an genau diesen Pulli erinnern, entschuldige ... Aber er würde farblich garantiert prima zu der Jeans passen, die du gerade anprobierst.

SIE: *(schaut an sich herunter)*
... Ja, schon ...
... Und dazu meine schwarzen Slipper mit den dünnen Absätzen, was meinst du?

ER: Hmmm ...

SIE: *(empört)* Ich wusste es!

ER: Was denn, um Himmels Willen?

SIE: Die Schuhe gefallen dir an mir nicht, stimmt's?
Du findest, dass meine Beine dick in ihnen aussehen!
ER: Nein, du hast sehr schöne Beine!

SIE: Aber in diesen Schuhen gefallen sie dir nicht?

ER: Das habe ich doch gar nicht gesagt!

SIE: Ja, aber du hast auch nicht genau gesagt, *dass* sie dir an mir gefallen!

ER: Aber ...

SIE: Ich weiß gar nicht, wieso ich dich überhaupt noch um deine Meinung frage ...
Anscheinend ist es dir ja sowieso egal, wie ich aussehe!

Frauen können solche Diskussionen endlos fortführen.

Erkennen Sie Ihre Partnerin darin wieder?
Gehen Sie am besten einfach Ihrer eigenen Wege und geben Sie es auf, eine Frau verstehen, geschweige denn sie zufriedenstellen zu wollen. Es ist ein sinnloses Unterfangen! Resignieren Sie und machen Sie Ihrer Partnerin deutlich, dass Sie beide zwei verschiedene Sprachen sprechen. Sagen Sie den Glaubenssatz: »Dir kann man es eh nicht recht machen!«, gebetsmühlenartig immer wieder auf. Er gibt Ihnen die Berechtigung, passiv zu bleiben, es erst gar nicht zu versuchen. Projizieren Sie die Erfahrungen, die Sie als kleiner Junge mit Ihrer Mutter oder mit Ihrem Vater gemacht haben, munter auf Ihre Partnerin. Schon damals war es nie genug, was Sie taten. Sie konnten sich anstrengen wie Sie wollten, es hat einfach nicht gereicht.

Ihre Partnerin wird es Ihnen »danken«: Spätestens dann, wenn sie alles alleine machen muss, und merkt, dass Sie nicht gewillt sind, etwas an Ihrem Verhalten zu ändern, wird sie sich fragen, ob es nicht besser ist, die Beziehung zu beenden.

Peter Pan: der ewige Junge

Die vorangegangene Strategie können Sie sogar noch steigern, indem Sie es Ihrer Frau nicht nur nicht recht machen, sondern es nicht einmal mehr versuchen, der starke Partner an ihrer Seite zu sein:

Sie sind eigentlich ein verantwortungsbewusster Mann, der einen vielversprechenden Job hat, sich um Versicherungen und Bankangelegenheiten kümmert, Garten und Garage in Ordnung hält und seiner Frau Schutz und Sicherheit bietet? Wenn Sie Ihre Partnerin loswerden möchten, müssen Sie ein Hallodri werden: Lassen Sie einfach alles schleifen und vermitteln Sie ihr den Eindruck, dass lästige Alltagspflichten Sie fortan völlig kalt lassen und dass Sie an die Zukunft keinerlei Gedanken mehr verschwenden.

Gehen Sie unbeschwert wie ein Kind durch die Welt, werden Sie ein Peter Pan, der nicht erwachsen werden möchte.

Verhalten Sie sich nicht mehr wie all die anderen Spießer, die Tag für Tag in die ewig gleiche Arbeit rennen und mit Ende vierzig dann einem Herzinfarkt erliegen. Sagen sie zu ihr: »Das Leben ist ein Spiel, Baby, und die Spielregeln bestimme ich!«

Sie können Ihre Partnerin auch verunsichern, wenn Sie in ihrem Beisein darüber nachdenken, Ihren langweiligen Job aufzugeben und stattdessen von nun an mal dies, mal das zu arbeiten, ganz nach Lust und Laune. Oder Sie erzählen ihr, Sie hätten Ihre Leidenschaft aus Teenagerzeiten für das Schlagzeugspielen wiederentdeckt und überlegten nun, ob Sie vielleicht doch Musiker werden sollten, oder Landschaftsgärtner, oder vielleicht Clown, oder lieber noch mal studieren, Philosophie zum Beispiel? Sie könnten auch in einem offenen Gespräch mit ihr: »Schatz, was hast du denn, *du* willst doch immer, dass wir ehrlich miteinander reden?«, in Erwägung ziehen, für ein halbes Jahr durch die Welt zu reisen, eventuell nach Asien oder Australien. Ach, das Leben bietet so viele Möglichkeiten, warum sich auf eine beschränken! Vergessen Sie dabei nicht, Ihre Partnerin als Fels in der Brandung zu loben, der immer so verständnisvoll ist und notfalls einspringt, wenn Ihre Finanzen knapp werden. Das wird sie in den Grundfesten ihrer existenziellen Sicherheit erschüttern und der Wunsch nach einem neuen Beschützer wird immer größer werden.

Noch einfacher fahren Sie mit dieser Strategie, wenn Sie und Ihre Partnerin gemeinsame Kinder haben. Spätestens jetzt wird Ihre Frau sich einen ebenbürtigen Partner an ihrer Seite wünschen, der auch mal mit anpackt und seine Brötchen verdient, und nicht noch ein weiteres Kind, das sie zu versorgen hat. Benehmen Sie sich daher am besten so, als würden Sie in ein frühkindliches Stadium zurückfallen. Weigern Sie sich standhaft, erwachsen zu werden. Ihre Frau wollte ja unbedingt die Kinder haben, jetzt soll *sie* auch die Verantwortung für sie übernehmen. Sie sind gerne mal bereit, mit ihnen zu spielen, aber mit Windelwechseln, Schulaufführungen, langatmigen Elternabenden oder öden Hausaufgabenstunden wollen Sie bitteschön nichts zu tun haben. Nachts, wenn Ihre Frau das schreiende Baby im Arm wiegt oder zum zehnten Mal Ihren pubertierenden Sohn darum bittet, endlich seinen Computer auszuschalten, schlafen Sie selig. Dafür sind Sie morgens putzmunter für neue Unternehmungen. Geben Sie sich Ihren Kindern gegenüber als der gute Kumpel, mit dem man Pferde stehlen kann. Die Strenge und Konsequenz haben Sie an Ihre Partnerin delegiert. »Papa erlaubt alles«, das ist der bequemste Weg und ein guter Nährboden für Auseinandersetzungen mit Ihrer Liebsten. Bei Ihnen dürften die lieben Kleinen Fastfood und Pizza essen und abends lange fernsehen. Ihre Frau wird diesen laxen Erziehungsmethoden garantiert nicht viel abgewinnen können, und wenn Sie konsequent an ihnen festhalten, wird sie versuchen, Sie loszuwerden.

Außerdem müssen Sie Ihrer Frau klarmachen, dass es Ihnen nicht liegt, ständig zu Hause zu sitzen und Brutpflege zu betreiben. Suchen Sie sich ausgefallene Hobbys, die gepflegt werden wollen und Zeit kosten: Drachenfliegen, Modellflugzeugbau, Windsurfen ... Und Ihre Freunde warten schon auf die nächste gemeinsame Motorradtour durch die französischen Alpen. Fun and sun ist angesagt.

Sorge dich nicht, lebe! Das muss Ihr Motto werden. Drücken Sie sich gekonnt vor unangenehmen Pflichten wie Kontoführung und Lohnsteuerjahresausgleich. Spätestens dann, wenn Ihre Frau merkt, dass Sie sich wie ein ewiges Kind benehmen und offensichtlich nicht vorhaben, in Zukunft etwas daran zu ändern, wird sie dafür sorgen, dass sie möglichst schnell eine Bürde – nämlich Sie – weniger hat.

Ein Mann, ein Wort – eine Frau, ein Wörterbuch

Das weite Feld der Kommunikation bietet eine Vielzahl an Möglichkeiten, Ihre Partnerin so zu reizen, dass sie von alleine ihre Siebensachen packt.

Frauen sind Quasselstrippen. Um dies zu überstehen, muss man sie einfach reden lassen und die Kunst erlernen, ihnen das Gefühl zu geben, man würde zuhören, ohne es wirklich zu tun. Klappen Sie die Ohrenschützer herunter oder schalten Sie auf Durchzug. »Mhm« und »Ja, ja« sind durchaus adäquate Antworten, um Ihre Partnerin zu verärgern. Noch besser ist Schweigen. Verstummen Sie einfach komplett. Verlieben sich Frauen nicht bevorzugt in unnahbare, geheimnisvolle Männer? Fühlen sie sich nicht magisch angezogen von Einzelgängern und vornehm distanzierten Schauspielern? Na bitte, das kann sie jetzt haben!

Lassen Sie sich nicht mit Fragen wie: »Was denkst du gerade?«, aus dem Konzept bringen. Woran sollen Sie schon denken? An nichts natürlich! Antworten Sie auf keinen Fall auf diese Frage mit: »Oh, tut mir leid, dass ich gerade abwesend war. Ich habe mich einfach darüber gefreut, was für eine kluge, sinnliche und einzigartige Frau ich an meiner Seite habe!« Das könnte nur zu weiteren unangenehmen Fragen führen wie: »Warum sagst du mir das nicht öfter?« Gibt man Frauen den kleinen Finger, so nehmen sie bekanntlich die ganze Hand. Fordert Ihre Partnerin Sie heraus: »Jetzt sag doch mal was!« Dann antworten Sie ganz praktisch aus dem Hier und Jetzt: »Der Wasserhahn tropft.«

Bleiben Sie in Auseinandersetzungen auf jeden Fall sachlich. Das ist Ihre Stärke schlechthin. Frauen bringen mit ihrer Emotionalität schon genug durcheinander. Lassen Sie sich auf keinen Fall zu irgendwelchen Gefühlsäußerungen hinreißen, denn so spielen Sie Ihrer Partnerin in die Hand. Peter Gaymann illustriert in seinem Buch *Liebesglück* sehr anschaulich, wie nüchtern Männer bei gefühlsgeladenen Themen vorgehen sollten. In einem seiner Comics liegt ein Paar am Strand unter Palmen und sie sagt frustriert zu ihm: »Wir sollten uns trennen!« Worauf er mit männlicher Logik antwortet: »Ich fahr doch nicht 2000 Kilometer, nur um mich zu trennen.«

Sollte Ihre Partnerin Ihnen die Gretchenfrage: »Liebst du mich eigentlich noch?«, stellen, so antworten Sie nicht einfach mit Ja oder Nein. Eine solch profunde Frage muss man differenzierter betrachten: »Das kommt darauf an, was du mit ›Liebe‹ meinst!« Jetzt ist sie am Zug und muss sich den Kopf zerbrechen.

In unangenehmen Auseinandersetzungen einfach das Thema zu wechseln, ist ebenfalls eine wunderbare Strategie, um Ihre Beziehung in den Ruin zu treiben. Ärgert sich Ihre Frau über die schlechten Schulnoten Ihrer Kinder und fordert Ihre Stellungnahme, so lenken Sie einfach ab. »Wollen wir nicht am nächsten Wochenende mal das Bad streichen?« Das bringt Frauen auf die Palme und verstärkt ihre Sehnsucht nach einem kommunikativen, sensiblen Mann – den sie sich auch bald suchen wird.

Setzen Sie dieser Strategie noch das Sahnehäubchen auf und führen Sie Ihre Partnerin gezielt in das männliche Kommunikationsschema ein: Frauen haben offensichtlich keine Ahnung, was Männer gerne von ihnen hören würden, deshalb brauchen sie genaue Anweisungen. Machen Sie für Ihre Liebste eine Wunschliste mit Sätzen, die *Ihr* Herz erwärmen würden:

1. *Soll ich dir noch eine Flasche Bier aus dem Keller holen?*
2. *Ich geh mal kurz den Auspuff reparieren.*
3. *Mach du ruhig deinen Motorradausflug. Geburtstage kommen immer wieder.*
4. *Liebling, ich verdiene doch genug. Für uns beide reicht es allemal. Du kannst gerne nur noch Modellflugzeuge bauen.*
5. *Ich bin so richtig scharf auf dich!*
6. *Schau mal, hat die nicht einen Superbusen?*
7. *Solltest du nicht wieder mal mit deinen Jungs einen draufmachen?*
8. *Lass mich mal zahlen.*
9. *Nein, du brauchst mich nicht zu fahren. Ich gehe lieber zu Fuß.*
10. *Du bist der Größte, Beste, Tollste!*

Sie können Ihre Wunschliste selbstverständlich nach Belieben ergänzen. Üben Sie mit Ihrer Frau täglich die Vokabeln der Männersprache. Das ist ein bisschen so, als wollten Sie einem Hund Chinesisch beibringen. Ihrer Frau wird schnell bewusst werden, dass Sie völlig andere Vorstellungen von einer idealen Partnerschaft haben als sie. Der einzige Ausweg scheint hier nur noch die Trennung zu sein. Ich wiederhole gerne: Zwischen Männern und Frauen gibt es nichts zu verstehen!

Mein Job, mein Leben

Sollten Ihre Stärken nicht in der Kunst der Kommunikation liegen oder Ihre Eitelkeit es nicht zulassen, ungepflegt in den Tag hinein zu leben, so können Sie auch auf Ihren Job als Zerrüttungsstrategie zurückgreifen.

Das Treibhaus weiblicher Emotionen ist sehr widersprüchlich: Einerseits wollen Frauen einen erfolgreichen Mann und potenziellen Ernährer an ihrer Seite, andererseits sind sie unzufrieden, wenn er nur wenig Zeit für die Partnerschaft und Familie hat. Machen Sie Ihrer Liebsten klar, dass beides zusammen nicht geht. Sie können nicht Ihre Frau und Ihre Familie zum Lebensmittelpunkt machen und gleichzeitig die Karriereleiter hochklettern. Ein Mann muss Prioritäten setzen, und die sollten unbedingt im beruflichen Bereich liegen. Frauen kommen und gehen, der Job aber bleibt. Betrachten Sie deshalb Ihre Beziehung als Ruhekissen nach getaner Arbeit oder als nette Abwechslung und emotionale Tankstelle, und lassen Sie Ihre Angetraute auch spüren, was Sie über Ihre Partnerschaft denken. Auf Bestätigung im Job ist Verlass, auf die Zuwendung von Frauen nicht. Machen Sie Ihrer Partnerin von vornherein klar, wo Ihre Schwerpunkte liegen. Schließlich wollen Sie vorankommen. Damit Ihre Karriere steil nach oben geht, braucht es Ihren vollen Einsatz. Sie müssen jede Menge Überstunden machen und auch mal am Wochenende in der Firma präsent sein? Kein Problem. Dafür muss Ihre Frau einfach Verständnis haben. Im Zweifelsfalle sagen Sie eher Nein zu den von Ihrer Frau geplanten Freizeitaktivitäten als zu Ihrem Chef. In der Anfangseuphorie wird sie sicherlich gute Miene zum bösen Spiel machen. Doch spätestens wenn sie mit den Kindern jeden Abend und die meisten Wochenenden alleine verbringt, wird sie mit Sicherheit wütend – und verliert das Interesse an der Beziehung mit Ihnen.

Sollte das noch nicht zu ernsthaften Trennungsabsichten führen, gehen Sie zu Versprechungen über, die Sie nicht halten. Versprechen Sie Ihrer Frau viel, aber halten Sie wenig. Stellen Sie immer gemeinsame Zeit in Aussicht, lassen Sie es aber nie dazu kommen, dass Sie diese Zeit dann auch wirklich haben. Vertrösten Sie Ihre Liebste auf später, heute Abend, am Wochenende, im Urlaub, nächstes Jahr ... Dann nehmen Sie sich wirklich Zeit für die Familie! Versprochen! Großes Indianerehrenwort!!! Der Alltag aber sieht natürlich anders aus: Natürlich können Sie im vollen Arbeitsstress nicht daran denken, telefonisch Verspätungen anzukündigen. Und sind Sie erst mal zu Hause, müssen Sie noch bis Mitternacht am Computer nacharbeiten, was Sie im Büro nicht geschafft haben. Alles muss sich Ihrem Zeitplan unterordnen, die Freizeitplanung, der Urlaub, Familienfeste usw.

Spielen Sie den Guten, der sich selbstlos für das Wohl der Familie aufopfert. Sie würden ja auch gerne mehr Zeit mit den Kindern verbringen, ehrlich, aber es geht nun mal nicht. Wie sehr beneiden Sie Ihre Frau, die die Kinder hautnah miterlebt und mit ihren Freundinnen nachmittags gemütlich plauschen kann! Dafür haben Sie schlicht und ergreifend keine Zeit. So schlagen Sie gleich zwei Fliegen mit einer Klappe: Sie halten sich die lästigen Familienpflichten vom Hals und vermeiden dazu noch nervenaufreibende Auseinandersetzungen mit Ihrer Liebsten, denn nach einem zwölfstündigen Arbeitstag steht Ihnen bei Gott nicht mehr der Sinn nach Problemgesprächen. Schließlich kriegen Sie gar nicht mehr mit, was in der Familie läuft, Sie kennen weder das genaue Alter Ihrer Kinder, noch wissen Sie, in welche Schule sie gehen. Ihre Frau hat sich nach anfänglichem Aufbegehren mittlerweile an das Phantom an ihrer Seite gewöhnt, resigniert und ihr Eigenleben entwickelt. Wäre es da verwunderlich, wenn der neue, kinderfreundliche Nachbar ihr Herz erobern würde?

Haushalt ist Frauensache

Vielleicht gehören Sie ja zu den Männern, die der Meinung sind, den Haushalt müsse man den Frauen überlassen, weil Frauen einfach mehr »Herdanziehungskraft« haben. Dann sind Sie bereits auf dem besten Weg, Ihre Beziehung unaufhaltsam zu ruinieren. Von frühester Kindheit an haben Frauen ihrer Mutter bei den alltäglichen Verrichtungen assistiert, wurden unterwiesen im Kochen, Wäsche waschen und Wohnungsputzen. Doch leider haben sich die Zeiten geändert. Frauen erwarten heutzutage – vor allem wenn sie selbst berufstätig sind – von den Männern Mithilfe im Haushalt. Deshalb ist dieses Thema eine unerschöpfliche Quelle für häuslichen Zwist.

Da kommen Sie nach einem langen Arbeitstag nach Hause, haben gerade den Aktenkoffer abgestellt, und schon ertönt eine leicht genervte Stimme aus der Küche: »Heinz, könntest du noch schnell den Müll runterbringen?« Dabei ist die Mülltüte noch nicht einmal wirklich voll. Ihre Frau will Sie einfach in den Haushalt eingebunden wissen. Die Zauberworte, die Sie nun verwenden sollten, lauten *später* und *gleich*: »Ich helfe dir später!«, oder: »Gleich, ich muss nur noch den Artikel in der Zeitung fertig lesen«. Natürlich tritt »später« oder »gleich« nie ein.

Frauen können es einfach nicht aushalten, wenn Männer gemütlich auf der Couch sitzen, während sie in der Wohnung herumwirbeln und dabei garantiert etwas finden, was es zu tun gibt. Sie haben andere Maßstäbe für Sauberkeit und sind von der Paranoia besessen, die Nachbarin könnte vorbeischauen und ihren kritischen Blick über den Boden streifen lassen. Erklären Sie Ihrer Liebsten, dass die Wohnung trotz Staubflusen und Gläserrand auf dem Wohnzimmertisch völlig in Ordnung und sauber ist. Sie haben schließlich keine Hausstauballergie. Wozu also der übertriebene Putzfimmel? Machen Sie ihr klar, dass das krankhaft ist. Sie jedenfalls fühlen sich in der gepflegten Unordnung äußerst wohl. Und warum bitteschön sollen Sie putzen, wo Sie doch den ganzen Tag außer Haus sind und so gut wie keinen Dreck machen?

Beweisen Sie Ihrer Partnerin darüber hinaus, dass Sie schon immer zwei linke Hände hatten. Sie sind einfach mehr der intellektuelle Typ. Was auch immer Sie anfassen, es geht daneben. Schrumpfen Sie ihren Lieblingspullover auf Kindergröße. Fügen Sie sich beim Bügeln Verbrennungen dritten Grades zu. Hinterlassen Sie dicke Schlieren beim Fensterputzen. Und wenn es sein muss, quetschen Sie sich die Hand beim Schließen des Wäschetrockners. Das hört sich schmerzhaft an, kann sich aber lohnen. Beim Kochen – sollte es so weit überhaupt kommen – lassen Sie die Frühstückseier hart werden und die Fertigpizza verkohlen oder Sie versalzen die Suppe. Gehen Sie gezielt vor. Ihnen muss einfach jeder Handstreich misslingen, so dass Ihre Partnerin resigniert aufgibt und Sie nie wieder um Hilfe bittet. Schließlich muss sie, wenn Sie etwas für sie im Haushalt tun, danach ohnehin alles noch mal machen.

Hartnäckige Fälle von Verantwortungsabschieberinnen können Sie mit chauvinistischen Witzen beim Kochen aufmuntern:

Frauen hinter den Herd?
Blödsinn, wenn doch die Schalter vorn sind.

Warum haben Frauen kleinere Füße als Männer?
Damit sie näher am Herd stehen können.

Was ist die Mehrzahl von Frau? Putzkolonne.

Begehrt Ihre Liebste auf, senken Sie Ihr Witzniveau unaufhörlich:

Warum werden die Frauen seit 2500 Jahren von den Männern unterdrückt?
Es hat sich bewährt.

Ihrer Partnerin wird das Lachen im Halse stecken bleiben. Sie wird sich als billige Putzkraft missbraucht fühlen und bald mitsamt Staubsauger und Putzlappen die Flucht ergreifen. Dann können Sie endlich Ihre Singlefüße auf den Tisch legen – Sie müssen sich nur darum kümmern, wer ab jetzt Ihre Wäsche wäscht und Ihr Geschirr spült.

Das Einmaleins der Manipulation

Manipulation eignet sich hervorragend, die Liebe einer Partnerin Stück für Stück abzutöten, deshalb sei diese sehr anspruchsvolle Strategie ebenfalls erwähnt. Beachten Sie aber, dass dieser Weg sehr zeitintensiv und eher schleichend zur Trennung führt. Diese Methode ist also nichts für Trennungsnotfälle.

Kein Mensch will gerne manipuliert werden. Wir möchten alle das Gefühl haben, aus freiem Willen heraus zu handeln. Es soll Kommunikationsexperten geben, die propagieren, man müsse Wünsche und Bedürfnisse offen äußern, denn nur so könne der andere sie erfüllen. Doch ich warne Sie: Eine direkte Bitte bringt Sie in eine verletzliche Situation. Sie könnten eine Abfuhr erhalten. Da ist es doch viel raffinierter, die Partnerin zu einer Marionette zu machen, die an den unsichtbaren

Fäden Ihrer Manipulationsstrategie hängt – ohne dass sie es merkt.

Wann sollten Sie versuchen, Ihre Liebste zu manipulieren? Immer dann, wenn Sie wollen, dass sie etwas tut oder lässt, Sie aber glauben, dass sie es nicht freiwillig tun oder lassen würde. Und da wir Ihrer Partnerin das Schlechteste unterstellen wollen, empfehle ich Ihnen, auf keinen Fall offen zu sagen, was Sie sich wünschen.

Am wirksamsten manipuliert man Frauen mit Lob. Dafür sind sie höchst anfällig. Sie wollen, dass Ihre Partnerin das Kochen übernimmt? Dann sagen Sie doch zu ihr: »Ach, Schatz, du kannst doch viel besser kochen als ich. Dein Schnitzel ist das Beste, das ich jemals gegessen habe. Ich könnte es nie so gut zubereiten wie du!« Sie haben keine Lust, sich um den Garten zu kümmern? Wickeln Sie Ihre Frau einfach um den Finger: »Liebling, du bist doch diejenige mit dem grünen Daumen. Ich kann das ganze Grünzeug nicht mal voneinander unterscheiden!« Sie haben gerade keine Lust, mit den Kindern zu spielen? Dann delegieren Sie auch diese Aufgabe an Ihre Frau: »Herzchen, es ist so schön zu sehen, wie viel Spaß du und die Kinder zusammen haben. Du bist einfach die geborene Mutter!«

Sie können aber auch zu anderen Manipulationsstrategien greifen. Frauen helfen gerne. Das liegt in ihrer weiblichen Natur. Unterstützen Sie diese gottgewollte Gabe und jammern Sie, was das Zeug hält. Ihre Partnerin wird zur Höchstform auflaufen, denn Frauen wollen gebraucht werden. Mit Leiden können Sie wunderbar Rücksicht erzwingen. Präsentieren Sie sich schwächer und kränker, als Sie es in Wirklichkeit sind. Brechen Sie nach einem langen Arbeitstag demonstrativ im Sessel zusammen und stammeln Sie mit gebrochener Stimme: »Ich kann nicht mehr. Der Stress war einfach zu viel heute! Ich brauche jetzt einfach Zeit für mich.« Schon sind Sie von abendlichen Pflichten und vom Kinderunterhaltungsprogramm befreit. Statt klar und deutlich Nein zu sagen, können Sie auch bei lästigen Terminen wie Elternabenden Kopfweh vortäuschen. Warum sollten Sie als Mann nicht auch altbewährte Strategien von Frauen nutzen? Wenn Ihre Liebste mit Ihnen zur Geburtstagsfeier Ihrer klatschsüchtigen Nachbarin gehen will, sagen Sie mit Leidensbittermiene und mit dünner, gebrochener Stimme: »Geh du nur und mach dir einen schönen Abend. Ich komm schon allein zurecht!« So machen Sie Ihrer Partnerin auch gleich noch ein schlechtes Gewissen, weil sie sich vergnügt, während Sie leiden.

Sie wollen, dass Ihre Partnerin am Wochenende Ihren Hobbys zustimmt? Bieten Sie ihr zwei, natürlich von Ihnen favorisierte Alternativen an: »Meine Beste, möchtest du am Sonntag lieber mit mir in die Berge gehen oder Motorrad fahren?« Schon lebt sie in der Illusion, sie hätte eine Wahl, und wird sich für eine der beiden Möglichkeiten entscheiden.

Manipulation wirkt auf für Sie bequeme Art und Weise. Sie müssen Ihre Wünsche nicht offen äußern, sich nicht klar abgrenzen und sparen sich so jede Menge Ärger. Ihre Frau wird sich zunächst sogar als Retterin oder Helferin fühlen. Doch Manipulation macht Ihre Partnerin zur heimlichen Sklavin Ihrer Bedürfnisse. Das wiederum erzeugt bei ihr auf Dauer unangenehme Gefühle, auch wenn diese unbewusst sind. Es meldet sich oft nur ein diffuses Störgefühl wie: »Irgendetwas stimmt hier nicht«, oder: »Eigentlich möchte ich das gar nicht tun«. Ihre Partnerin fühlt sich schuldig, unaufmerksam, egoistisch ... Niemand möchte sich so fühlen, und deshalb wird Ihre Liebste bald gereizt oder gar aggressiv auf Ihre Manipulationsversuche reagieren, um die Unlustgefühle abzuwehren. Spätestens wenn ihr dämmert, dass alles an ihr hängen bleibt und Sie keinerlei Verantwortung übernehmen, fühlt sie sich benutzt. Mit der Zeit wird Ihre Frau Ihr Spielchen als leidender Dauermanipulator durchschauen und ihre Konsequenzen daraus ziehen – sie wird sich zurückziehen.

Mama ist die Beste!

Sie haben als Mann eine unschlagbare Waffe in der Hinterhand, mit deren Hilfe Sie jede noch so liebende, verständnisvolle und vor allem leidensfähige Frau in die Flucht schlagen können: Ihre Mutter.

Sie sollten Ihrer Mutter zutiefst dankbar sein. Schließlich hat sie Ihnen das Leben geschenkt, nächtelang an Ihrem Bett gewacht, Ihre Windeln gewechselt und Ihnen die Brust gegeben. Viele Jahre lang hat ihr liebendes Auge über Ihr Wohlergehen gewacht, und Sie waren Mamas kleiner Prinz. Dieses Privileg, »Mamas Liebling« zu sein, sollten Sie als Erwachsener auf keinen Fall aufgeben. Vielleicht werden Sie ja immer noch großzügig von Mama finanziell unterstützt? Das ist doch wunderbar! Eine tatkräftige Finanzspritze hie und da bessert die Laune erheblich. Dafür müssen Sie natürlich eine kleine Gegenleistung erbringen: Ihre Mutter darf in Ihrem Leben kräftig mitmischen.

Mama will auch heute noch nur das Beste für Sie. So auch bei der Wahl Ihrer Lebensgefährtin. Hören Sie auf Ihre Mutter. Wenn sie sagt: »Die ist doch nichts für dich«, dann befolgen Sie ihren Rat unbedingt. Ihre Mutter ist schließlich der Mensch, der Sie am längsten kennt und weiß, was gut für Sie ist. Ist Ihnen eigentlich klar, wie schwer es für eine Mutter ist, ihren heiß geliebten Sohn an eine andere Frau zu verlieren? Überlegen Sie sich gut, ob Sie das Ihrer Mutter antun wollen. Schließlich bleibt sie jetzt ganz alleine oder in unglücklicher Beziehung mit Ihrem Vater zurück. Denken Sie an all die Liebe und

Mühe, die sie Ihnen entgegengebracht hat. Jetzt können Sie unter Beweis stellen, dass ihre Arbeit Früchte trägt.

Sollte es aber dennoch zu einer Beziehung kommen, hören Sie weiterhin auf Ihre Mutter, denn Mütter »kümmern« sich gerne, auch um das Liebesleben der Söhne. Nicht umsonst kursieren die berühmten Gerüchte von der bösen Schwiegermutter, die der Ehefrau des Sohnes das Leben schwer macht. Ihre Partnerin wird von Ihnen bald eine deutliche Abgrenzung von Ihrer Mutter fordern. Machen Sie ihr klar, dass das nicht möglich ist. Sie lieben doch beide, Ihre Partnerin und Ihre Mutter. Wenn Sie den Balanceakt, es beiden Frauen recht zu machen versuchen, dann reiben Sie sich sicherlich im Loyalitätskampf auf. Der Ärger beider Frauen ist Ihnen gewiss – und mit Ihrer Mutter wollen Sie ja gar keinen Streit. Um Ihre Beziehung möglichst schnell in den Sand zu setzen, müssen Sie sich daher ganz klar auf die Seite Ihrer Mutter stellen. Schließlich war sie zuerst da. Das sorgt für nie endenden Zwist in einer Beziehung und bringt Ihre Partnerin zur Verzweiflung. Sie fühlt sich ungeliebt und missachtet. Schwärmen Sie Ihrer Frau immer wieder in den höchsten Tönen von Ihrer Mutter vor. Keine macht den Sauerbraten so gut wie sie. Keine bäckt den Käsekuchen so cremig. Ihre Frau kann sich noch so sehr anstrengen, sie schafft es einfach nicht, Ihre Mutter zu schlagen. Flechten Sie im Konfliktfall immer wieder die drei magischen Worte ein: »Bei uns zu Hause...« Das wird Ihre Frau zur Weißglut treiben.

Regelmäßigkeit macht diese Strategie zu einem sicheren Zerrüttungswerkzeug: Selbstverständlich ist der Sonntag immer für die Mama reserviert. Sie rückt schon am späten Vormittag an, schaut distinguiert der Schwiegertochter in die Töpfe, rührt mal hier, mal da und spart nicht mit guten Ratschlägen. Natürlich darf sie sich auch anderweitig nützlich machen und zum Staubtuch greifen, um Ihrer Partnerin deutlich zu zeigen, dass sie eine schlampige Hausfrau ist. Und wie sich die Kinder freuen, wenn Omi wieder mal Berge von Süßigkeiten mitbringt, obwohl Ihre Frau es strikt untersagt hat! Lächeln Sie milde, wenn Ihre Frau von Ihnen verlangt, Stellung zu beziehen. Räumt Ihre Mutter abends endlich das Feld, so hängt der Haussegen garantiert schief, und Sie können mit Ihrer Partnerin bis tief in die Nacht das Für und Wider der Erziehungsmethoden Ihrer Mutter diskutieren. Machen Sie ihr den Vorschlag, Ihre Mutter in den Urlaub mitzunehmen, unter dem Vorwand, sie könnte Ihrer Frau ja hie und da die Kinder abnehmen. Das wäre doch wunderbar! Und es gibt Ihrer Frau den Rest.

Rufen Sie Ihre Mutter täglich an. Erkundigen Sie sich nach ihrem Befinden. Berichten Sie ihr en detail von Ihren Eheproblemen und lassen Sie sich von ihr beraten. An wen sollten Sie sich sonst wenden? Schmiegen Sie sich an ihren liebenden Busen – die Verachtung Ihrer Frau ist Ihnen gewiss. Denn Frauen wollen keine Muttersöhne. Sie wollen Männer, die sich klar zu ihnen bekennen. Und sie flüchten, wenn sie es nicht tun.

Der Schnarchterror

Jede Nacht spielen sich in Ehebetten quer durchs Land wahre Dramen ab, die bewusst eingesetzt die Nerven der Frau blank liegen lassen und das Ende der Beziehung einläuten können. Sie müssen dafür allerdings ein paar schlaflose Nächte in Kauf nehmen:

Frau *(rüttelt genervt ihren Mann wach)*: »Schaaaatz, du schnarchst schon wieder!«

Mann *(schlaftrunken)*: »Wie, ich? Ich schnarch doch gar nicht!«

Frau: »Aber natürlich schnarchst du!«

Mann: »Ich hör nichts.«

Frau: »Du hast ja auch geschlafen.«

Mann: »Eben, das solltest du auch tun!«

Frau *(genervt)*: »Ich kann ja nicht, weil du so laut sägst wie ein Holzfäller!«

Mann: »Aber dann wär ich doch auch aufgewacht!«

Frau: »Ja, was weiß ich, warum du das nicht hörst!«

Mann: »Weil ich nicht schnarche! Das ist der Beweis!«

Frau *(in der Zwischenzeit hellwach)*: »Jetzt reicht's! Du schnarchst! Meinst du, ich habe nachts nichts Besseres zu tun als mit dir zu streiten? Ich rüttle dich nicht zu meinem Vergnügen wach!«

Mann: »Wer weiß, vielleicht willst du dich einfach dafür rächen, dass ich mit dir gestern nicht Rosamunde Pilcher geguckt habe.«

Frau: »Also, das ist doch die Höhe! Du schnarchst wie ein brunftiger Hornochse, und ich kann nicht schlafen, basta!«

Mann *(versöhnlich)*: »Ach komm, lass uns nicht streiten, ich will wieder schlafen!«

Eine Minute später ein tiefes Schnaufen, dann ein leichtes Röcheln, ein kurzes Japsen, es steigert sich zu einem knarrenden Rasseln und mündet in ein furioses, Stockwerke durchdringendes Sägen. Das Drama geht in die zweite Runde. »Duuuuuu …«

Sollten Sie zu den Schnarchern gehören, können Sie das wunderbar als Beziehungszerrüttungstaktik nutzen. Sägen Sie nach Herzenslust. Spielen Sie einfach so lange den Ahnungslosen, bis Ihre Partnerin genervt das Schlafzimmer verlässt und auf die Couch im Wohnzimmer umzieht. Ignorieren Sie jegliches Schütteln, Kneifen, Stoßen, In-die-Nase-Zwicken oder Tritte in den Allerwertesten.

Sie können sogar zum Gegenangriff übergehen. Reden Sie Ihrer Partnerin ein, dass sie selbst schnarcht. Holen Sie Ihre Liebste aus dem Tiefschlaf, und bei mürrischer Gegenwehr schwören Sie bei allem, was Ihnen heilig ist, dass Sie durch ihr lautes Schnarchen aufgewacht sind. Erotische Stimmung kann bei gegenseitigem Schnarchterror in Ihrem Schlafzimmer garantiert nicht mehr aufkommen. Der Schlafentzug wird sein Übriges tun und Ihre Frau wird sich bald nach besseren Alternativen umsehen.

Überraschung, Überraschung!

Frauen lieben es, Geschenke zu bekommen. Je größer und einfallsreicher sie sind, desto mehr fühlen sie sich geliebt. Sie wollen Geschenke zu Weihnachten, zum Geburtstag, Namenstag, Valentinstag, zum Hochzeitstag, Kennenlerntag, Muttertag und natürlich einfach mal so zwischendurch ohne besonderen Anlass. Deshalb eignen sie sich auch so wunderbar, die Beziehung in ihren Grundfesten zu erschüttern, für Enttäuschung zu sorgen und eine baldige Trennung herbeizuführen. Es wäre nicht das erste Mal, dass eine Beziehung wegen eines Eierkochers zugrunde geht.

Das richtige Geschenk zu finden, kann wahnsinnig anstrengend sein, deshalb sollten Sie sich diese Mühe gar nicht erst machen! Das (im besten Falle) entzückte Lächeln Ihrer Frau beim Anblick eines Geschenks entschädigt Sie nicht wirklich für die vielen Wochen des Suchens voller Blut, Schweiß und zermartertem Gehirn. Nach Aussage vieler Frauen vergreifen sich Männer häufig bei der Geschenkauswahl. Sie gehen viel zu sehr von sich selbst aus und verschenken gerne etwas Praktisches. Das wiederum kommt bei Frauen gar nicht gut an. Am besten ist es, wenn Sie pragmatisch vorgehen und einfach fragen: »Was wünschst du dir denn zu Weihnachten, Schatz?« Schon ist die Freude bei der Frau dahin, denn wenn sie Ihnen sagt, was sie möchte, ist es keine Überraschung mehr. Aber Frauen lieben Überraschungen! Sie jedoch sollten sich nicht die Mühe machen und sich etwas überlegen. Im Gegenteil. Geben Sie Ihrer Partnerin eindeutig zu verstehen, wie lästig es Ihnen ist, einfallsreich und kreativ für sie zu sein. Das ist die beste Strategie, sie spüren zu lassen, wie viel sie Ihnen wert ist – nämlich gar nichts.

Geschenke sind für Frauen der Liebestest schlechthin. Hier lässt sich zerrüttungstechnisch einiges machen. Fangen wir mit Blumen an. Ist der Strauß zu groß, wird sie misstrauisch. Sie wird dann vermuten, dass Sie ein schlechtes Gewissen haben und etwas wiedergutmachen wollen. Ist der Strauß zu klein, so denkt sie: Wie mickrig! Pflücken Sie auf keinen Fall die Blumen selbst. Ihre Partnerin könnte sonst einen romantischen Anfall bekommen und dies als ultimativen Liebesbeweis nehmen. Mit Tulpen aus dem Supermarkt liegen Sie goldrichtig. Sie sind so nichtssagend, dass Sie sich diese Investition auch hätten sparen können.

Womit Sie Frauen geschenketechnisch wirklich verärgern können, sind praktische Haushaltsgeräte wie Tischstaubsauger, Getreidemühle, Wok, Dosenöffner, Vasen, Tischgrill und ähnliche überflüssige Gegenstände. Mit einem solchen Geschenk fühlt sich Ihre Liebste vor allem als billige Haushaltskraft missbraucht.

Sie können ihr genauso gut auch einen Gutschein für zehnmal Mithilfe im Hauhalt schenken, um gleich klarzumachen, dass diese Unterstützung nicht selbstverständlich ist. Natürlich sind Sie bei der Einlösung des Gutscheins sehr zögerlich und haben alle möglichen Ausreden parat. Sie können diese Strategie zur Krönung noch mit den Tricks aus *Haushalt ist Frauensache* kombinieren.

Ist Ihre Frau ein bisschen übergewichtig? Denn schenken Sie Ihr doch einen Hometrainer oder Fertiggerichte von den Weight Watchers. Auch ein Monatsabonnement im Fitnessstudio kann nicht schaden. So transportieren Sie mit dem Geschenk auch gleichzeitig die Botschaft: »Du bist zu fett! Tu was!«

Sie können Ihrer Frau auch einfach etwas schenken, das Ihren eigenen Interessen dient. Ihr Sexualleben ist eingeschlafen? Dann schnell zu Beate Uhse. Reizwäsche und lustvolles Sexspielzeug machen sich immer gut auf dem Gabentisch. Die Gefahr ist groß, dass Ihre Partnerin über diese Art von Geschenken enttäuscht sein wird und sie in die Ecke wirft, weil Sie dabei nur an Ihre eigenen Bedürfnisse gedacht haben – und nicht an die Ihrer Frau.

Wenn Sie aber wirklich Fantasielosigkeit demonstrieren wollen, stecken Sie einfach Geld in einen Umschlag und überreichen Sie es ihr mit den Worten: »Kauf dir was Schönes!« So wird überdeutlich, dass Sie die Wünsche Ihrer Partnerin nicht kennen und auch nicht herausfinden wollen.

Außerdem sollten Sie dafür plädieren, dass als Äquivalent zum Valentinstag auch ein Tag eingeführt wird, an dem Frauen dem Mann ihres Herzen zeigen können, was er ihnen bedeutet. Jetzt ist sie am Zug und muss sich Gedanken machen.

Sie wollen es noch ein bisschen radikaler? Verdrängen Sie einfach die Termine, an denen Ihre Partnerin ein Geschenk erwartet, aus Ihrem Gedächtnis. Machen Sie es sich leicht und schenken Sie Ihrer Frau nichts mehr – sie wird sich schneller ungeliebt fühlen und das Weite suchen, als Sie das Wort »Überraschung« aussprechen können.

Testosteron

Machen Sie sich die Biologie zunutze, um Ihrer Partnerschaft ein Ende zu setzen. Die Natur hat Ihnen die nötigen Mittel sozusagen in die Wiege gelegt:

Der Testosteronspiegel von Männern ist zehn- bis zwanzigmal höher als der von Frauen. Testosteron steigert laut Wikipedia »das sexuelle Verlangen und generell Antrieb, Ausdauer und Lebenslust. Ein hoher Testosteronspiegel fördert dominante und aggressive Verhaltensweisen. Als ethnologische Wirkungen wurden bei Tieren Imponiergehabe, Kampfverhalten sowie Begattungsdrang erforscht und beobachtet. Diese können jedoch keineswegs als negative Wirkungen abgetan werden, sondern sind unter natürlichen Umständen bewährte Verhaltensweisen ...« Also Männer: Ran an den Speck! Die Evolution hat euch Männchen so geschaffen, dass ihr das Weibchen schnell und überall begatten könnt. Und da Sie im Moment der Begattung dem Feind schutzlos ausgeliefert sind, muss es ruckzuck gehen. Außerdem sind Sie dazu auserkoren, Ihren Samen möglichst flächendeckend zu verstreuen und möglichst viele Weibchen zu beglücken, um die Art zu erhalten. Sie sind schlicht und ergreifend das Ausführungsorgan Ihres Erbgutes, Sie können nichts für Ihre Gene. Die bestimmen nun mal, dass Sie aggressiver und aktiver sind als Frauen.

Und nun kommt das Problem, oder besser gesagt, die Lösung: Frauen stehen nicht auf Sex und Hopp. Sie wollen umworben werden. Bevor sie überhaupt an Sex denken, wollen sie mit Männern erst mal schön essen, romantisches Geplänkel bei Kerzenschein und Schmusemusik, dicke Komplimente, schmachtende, verliebte Blicke, gekrault und massiert werden, ein kleines Geschenk, viele lobende Worte, Rosenblätter in der ganzen Wohnung, Blumensträuße von den Ausmaßen einer Ligusterhecke, ausgiebiges zärtliches Streicheln von nichterogenen Zonen, bevor Sie ihnen an die Wäsche gehen dürfen. Das ist anstrengend. Vor allem aber wollen sie natürlich die einzige Auserkorene sein, der Ihre Balzrituale gelten. Das ist schier unmöglich.

Verheimlichen Sie Ihrer Frau nicht, dass für Sie die Fünf-Minuten-Nummer absolut ausreichend ist und dass bei Ihnen auch die Formel 1 zur Einstimmung dienen kann. Vom Kaltstart bis zum Orgasmus braucht ein Mann in der Regel zweieinhalb Minuten. Ein Quickie in der Besenkammer ist allemal besser als das stundenlange Rumgemache im Ehebett. Als Mann haben Sie nur eine erogene Zone, und die ist schnell in Gang gesetzt. Keine lästige stundenlange Schmuserei, schließlich wollen Sie ja noch die Sportschau sehen. Je durchschaubarer und plumper Ihre Annäherungsversuche sind, desto weniger Lust werden Sie wecken. Während Ihre Frau die Waschmaschine befüllt, greifen Sie ihr von hinten an den Busen. Flüstern Sie ihr ein paar schmutzige Worte ins Ohr und lassen Sie keine Zweifel an Ihren Absichten. Kommen Sie schnell und schnörkellos zum Ziel. Und wie herrlich lässt es sich danach schlafen! Es gibt nichts Besseres zum Stressabbau als Sex. Außerdem verbrennt man dabei auch noch die Kalorien, die man sich beim Fernsehen angefuttert hat.

Tauchen Sie Ihre Partnerin in ein Wechselbad der Gefühle. Die emotionale Achterbahn wirkt auch bei zerrüttungsresistenten Frauen. Stapfen Sie mir Ihrer Liebsten durch emotionale Kneipp-Bäder und versprechen Sie ihr das Blaue vom Himmel, wenn Sie Sex wollen. Lassen Sie auf das Dampfbad der Ekstase den Eisteich der Ernüchterung folgen und bestehen Sie wie aus dem Nichts auf Ihre Freiräume. Ziehen Sie sich komplett zurück und schicken Sie Ihre Frau in die Einsamkeit. Je mehr Gesichter Sie haben und auch zeigen, desto kurvenreicher wird die emotionale Achterbahnfahrt. So kommt keine

Langeweile auf und es bleibt aufregend – vor allem im Bett. Allerdings ist dies nicht die Art von Aufregung, die sich Ihre Frau wünscht.

Zählen Sie auch zu den Männern, die ehrlichen Herzens dem Missverständnis erliegen, dass Frauen, sollten sie »Nein« sagen, eigentlich »Ja« meinen? Es ist richtig: Männer können sich in der Regel viel besser abgrenzen als Frauen. Weil sie häufig von Zuwendung abhängiger sind, neigen Frauen dazu, mit ihrem Nein zögerlich zu sein und sich abzusichern, dass ihnen der Mann auch ja nicht böse ist, wenn sie wirklich Nein sagen. Vor allem in der Sexualität macht sich das bemerkbar. Ihre Partnerin zeigt wenig Lust, mit Ihnen zu schlafen? Wahrscheinlich will sie nur verführt werden. Setzen Sie all Ihre Liebeskünste ein. Sie wird schon noch auftauen und mitmachen. Überreden Sie Ihre Liebste zu ausgefallenen Sexualpraktiken. Wenn sie nur halbherzig mitmacht, kein Problem. Hauptsache, Sie haben Ihren Spaß! Ich garantiere Ihnen, dass Ihre Partnerin durch Ihre Bedrängungsversuche immer weniger Lust auf Sex haben wird.

Natürlich ist der Mann ein Jäger. Welcher Mann spuckt schon auf die Talente, die ihm Mutter Natur selbstlos anvertraut hat? Wie bei der echten Jagd geht es nicht um die Beute an sich, denn tote Tiere sind nicht wirklich lange interessant. Es geht um die Freiheit, den Nervenkitzel, den Kampf des Mannes gegen die Natur, die Gesellschaft, die ganze Welt. Er entscheidet, er agiert, das ist Balsam fürs Ego. Die Frau ist dabei natürlich die begehrteste, aber leider auch die kurzlebigste Beute. Ist sie erst einmal eingefangen und zur Ehefrau geworden, lässt man sie fallen und macht sich erneut auf die Jagd. Mann will ja schließlich nicht immer nur auf dem Bärenfell in der heimischen Höhle spielen.

Berufen Sie sich auf diese naturgewollten Abläufe und schauen Sie jedem Rock hinterher, wenn Sie sich mit Ihrer Frau in der Öffentlichkeit bewegen. Darunter könnte sich neue Beute verbergen. Bestehen Sie auf sexuelle Freiheit, aber natürlich nur für sich selbst. Schließlich liegt dies allein in der männlichen Natur. Machen Sie Ihrer Partnerin klar, dass ein gelegentlicher One-Night-Stand einem Mann gar nichts bedeutet und Ihrer Liebe keinen Abbruch tut. Dadurch können Sie Ihre Beziehung gezielt ruinieren. Verunsichern Sie Ihre Partnerin, indem Sie unentwegt neue Affären haben – sie wird es vermutlich nicht lange mitmachen.

Aber seien Sie konsequent und beharren Sie auf Ihren Rechten als Mann: Gibt es im Leben Ihrer Frau einen anderen Mann, so reagieren Sie äußerst eifersüchtig. Mann weiß ja schließlich, dass Frauen wirklich verliebt sind, wenn sie mit einem Mann ins Bett gehen. Machen Sie ihr eine filmreife Szene, die sie zeit ihres Lebens nicht vergessen wird. Messen Sie mit zweierlei Maß. Kaum eine Frau wird das mit sich machen lassen, und wenn alles gut läuft, treiben Sie sie geradezu in die Arme des anderen.

Lügen Sie, was das Zeug hält

»Wie bitte? Du denkst, ich würde billige Pornos anschauen? ... Ich habe doch dich! ... Was brauch ich da dieses primitive Rumgehoppel ... Das war reiner Zufall, dass ich auf diese Internetseite geraten bin ... Weiß Gott, woher die meine Adresse haben ... Ich weiß, die meisten Männer mögen so was. Aber ich bin da völlig untypisch ... Ich hab das doch nicht nötig ... Ich nutze das Internet zur reinen Informationsbeschaffung... Jetzt hör aber auf! Ich bin doch kein Voyeur! Was du nur von mir denkst! ... Üppige Blondinen? Das bedeutet mir gar nichts, rein gar nichts ... Ich und Gruppensex? Wie kommst du denn darauf? ... Man muss doch noch zwischen Fantasie und Wirklichkeit unterscheiden können ...Was, du hast dir auch schon mal 'nen Porno angeschaut? ... Das ist ja noch schöner! Und mir Vorwürfe machen! ... Nein, glaub mir, mich interessiert das Zeug wirklich nicht! ...Weshalb ich es mir dann ansehe? ... Wie oft? ... Jetzt mach aber mal 'nen Punkt ... Man muss doch wissen, was da so abgeht ... Ich und verklemmt? ... Was willst du eigentlich? ... Ich soll dazu stehen? ... Da gibt's nichts, wozu ich stehen könnte ... Ach, lass mich doch in Ruhe ... Was gibt's denn heute zum Abendessen?« – Sie sehen, auf der sexuellen Spielwiese finden sich noch einige Strategien für den Beziehungsruin.

Kommen Ihnen Sätze dieser Art irgendwie bekannt vor? Sie fühlen sich von Ihrer Partnerin ertappt, werden von ihr wie von einer Staatsanwältin, die unbedingt die Wahrheit aus Ihnen herauspressen will, zur Rede gestellt. Sie können sich drehen und wenden, wie Sie wollen, Ihre Liebste glaubt Ihnen einfach nicht. Was soll das eigentlich? Man wird doch wohl noch ein Eigenleben haben dürfen! Ihre Frau braucht schließlich nicht alles zu wissen, das gibt nur Ärger!

Pflegen Sie also die Kunst der Lüge. Zu lügen ist bequem und spart Ihnen eine Menge Unannehmlichkeiten. Verheimlichen Sie, dass Sie nach der Arbeit noch gerne auf einen Absacker zum Italiener gehen und geben Sie stattdessen vor, Überstunden machen zu müssen. Verharmlosen Sie Ihren Alkoholkonsum, wenn der Hinweis kommt, Sie würden zu viel trinken. Schließlich ist es erwiesen, dass ein Gläschen Rotwein pro Tag gut für die Gesundheit ist. Die Leber wächst erfahrungsgemäß mit ihren Aufgaben. Werfen Sie Ihrer Frau Kontrollzwang vor, wenn sie Ihnen die Batterie von Flaschen zeigt, die Sie in der letzten Woche konsumiert haben. Sie werden sich ihrem Diktat nicht beugen.

Spielen Sie den treuen Ehemann und geben Sie auf keinen Fall zu, dass Sie schon längst an anderen Frauen mehr interessiert sind als an Ihrer eigenen. Sonst könnten ja am Ende noch richtig interessante, ehrliche Gespräche entstehen, eine Weiterentwicklung in Ihrer Beziehung stattfinden und die Erotik neu belebt werden – und Sie würden Ihre Partnerin am Ende nie loswerden. Beachten Sie dabei aber, so zu lügen, dass Ihre Frau mindestens eine Ahnung hat, dass Sie ihr gerade die Unwahrheit gesagt haben, ohne auch nur mit der Wimper zu zucken. Lügen Sie spürbar, ohne sich zu offenbaren.

Insofern kommt es den Männern sehr entgegen, dass Frauen einen siebten Sinn haben. Sie spüren sehr genau, wenn etwas nicht stimmt, und haben seismografische Antennen, die jeden noch so klitzekleinen Betrug wahrnehmen. Wenn Sie nun das Gegenteil von dem behaupten, was Ihre Frau gewittert hat, wird sie verunsichert sein. »Wem kann ich mehr vertrauen, meinem Gefühl oder meinem Partner?«, wird sie sich fragen. Ihre halbseidene Lügerei wird ihr Bedürfnis nach Kontrolle schüren. Lüge und Kontrolle verhalten sich zueinander wie Schlüssel und Schloss. Wenn Sie also möchten, dass Ihre Partnerin sich selbst zermürbt, indem sie Ihnen nachspioniert, heimlich Ihre Telefonate mithört und Sie mit inquisitorischen Fragen überhäuft, dann lügen Sie das Blaue vom Himmel herunter. Über kurz oder lang wird sie Ihre Feigheit und Verlogenheit satt haben und sich von Ihnen trennen.

Die Kumpel

Jeder Mann braucht sie: seine Kumpel, die bierselige Selbsthilfegruppe in guten wie in schlechten Tagen, in der Verständnis durch kollektives Schweigen garantiert wird. Unter seinen Freunden kann der Mann noch ein Mann sein, er muss nicht sein Innerstes nach außen kehren und intellektuell diskutieren. Er kann in Stammtischmanier pöbeln, kann johlen und grölen, maulen oder jammern, betrunken oder nüchtern sein, er kann hemmungslos fremden Frauen nachschauen, ohne sich anschließend eine Moralpredigt anhören zu müssen. Keiner macht ihm einen Vorwurf, wenn er am Ende des Abends mit dem Kopf in einer Bierlache liegt. Im Gegenteil: Seine Kumpel haken ihn unter und schleppen ihn mit vereinten Kräften nach Hause. Oft kennt man die Freunde schon aus Kindertagen, als man gemeinsam im nahe gelegenen Wäldchen ganz unter sich sein bestes Stück hinsichtlich Größe überprüfte und miteinander wetteiferte, wer am weitesten pinkeln konnte. Das verbindet lebenslang.

Auf die Kumpel ist Verlass. Wenn man die ganze Nacht nicht nach Hause kam und am nächsten Tag seiner Frau erzählt, man hätte bei einem Freund übernachtet, so wird nicht nur dieser, sondern auch alle anderen diese Aussage bestätigen, denn sie sind immer bereit, ein Alibi zu liefern. Sie sind das Bollwerk gegen emotionale Bindung schlechthin und unterstützen sich mit Rat und Tat im Kampf gegen den gemeinsamen Feind: die Frau. Ein Zerrüttungsinstrument par excellence.

Die Kumpeltruppe lacht sich im Gegensatz zu Ihrer Partnerin schlapp über gute Witze. Sie ist deshalb ein gutes Trainingslager für Späßchen, mit denen Sie später Ihre Frau zur Verzweiflung bringen können. In dieser trauten Runde können Sie die unbedingt notwendige, basale Frauenfeindlichkeit trainieren und einen gesunden Beziehungsunmut aufbauen. Hier eine kleine Basisausstattung harmoniezerstörender Witze: Wenn Ihre Freunde darüber lachen, können Sie sicher sein, dass Ihre Frau sich darüber ärgern wird. Üben Sie fleißig und benutzen Sie diese Pointen als höchst beiläufig eingestreute, strategische Nuklearwaffen im Rosenkrieg.

Was sind vier Frauen in der Küche?
Artgerechte Haltung.

Gott gab den Menschen die Intelligenz …
… Ausnahmen bekamen die Regel.

Was ist der Unterschied zwischen einer Frau und einem Tumor?
Ein Tumor kann gutartig sein.

Der teuerste Weg, mit einer Frau zu schlafen, ist die Ehe.

… und so weiter und so fort. Mit seinen Freunden können Sie einfach Spaß haben. Sie sind nicht zimperlich und legen nicht jedes Wort auf die Goldwaage. Echte Kumpel verzeihen alles, überhören viel und merken sich im Gegensatz zu Ihrer Frau nur das Wichtigste: die Marke Ihres neuen Autos und die Fußballergebnisse. Sie addieren nicht in Gedanken Ihre Minuspunkte, sondern nehmen Sie so, wie Sie sind. Je aufgeräumter und entspannter Sie von Ihren Männerabenden nach Hause kommen, umso skeptischer wird Ihre Partnerin sein. Halten Sie sich bei Nachfragen bedeckt. Es geht sie schlicht und ergreifend nichts an, wo Sie sich herumgetrieben haben.

Über kurz oder lang wird Ihre Liebste versuchen, einen Keil zwischen Ihre Freunde und Sie zu treiben. Seien Sie deshalb vorsichtig und weichen Sie keinen Zentimeter zurück. Legen Sie stattdessen noch einen Zahn zu. Laden Sie Ihre Kumpel am Wochenende zum gemeinsamen Fußballabend vor dem Fernseher ein. Am Dienstag wird mit den Freunden gejoggt, am Donnerstag Tennis gespielt, samstags ziehen Sie um die Häuser, auf der Suche nach einem heißen Flirt. Sonntags treffen Sie sich zum Brunch oder zum Frühschoppen – ohne Frauen, ohne Kinder, frei und ungebunden. Natürlich telefonieren Sie auch mit ihnen, nicht – wie Frauen – stundenlang, das gesamte Leben durchkauend, nein, kurz, knapp, knackig, erfrischende Männergespräche eben. Weihen Sie Ihre Kumpel in Ihre Berufspläne ein, lange bevor Sie sich mit Ihrer Frau besprochen haben. Zeigen Sie sich äußerst kontaktfreudig bei Ihren Freunden, nicht aber bei Ihrer Partnerin. Das schürt ihre Eifersucht und ihr Misstrauen und vergrößert die Kluft zwischen Ihnen und Ihrer Frau. Gegen Ihre Kumpel kann die Gute nicht gewinnen. Sobald Sie das eingesehen hat, wird sie den Rückzug anstreben und sich von Ihnen trennen.

Boys need toys

Ebenso wie die Kumpel können auch Gegenstände Ihre gesamte Aufmerksamkeit beanspruchen und Ihrer Frau das Gefühl geben, maximal das fünfte Rad am Wagen zu sein.

Die liebsten Spielzeuge des Mannes sind Autos, Fernseher und Computer, nicht etwa Frauen. Eine Frau sollte im Leben eines Mannes eher die Rolle einer Krawatte spielen, schön, nicht zu eng sitzend und auf keinen Fall zu aufdringlich. Mit dieser Maxime im Hinterkopf wird völlig klar: Jede Krawatte geht mal verloren oder passt nicht mehr zu Ihrer Garderobe. Eine Frau verschönert im Idealfall für eine Weile das Leben eines Mannes – und darf dann wieder abgelegt werden.

Spielzeuge hingegen brauchen viel Aufmerksamkeit. Und damit haben Sie eine weitere Strategie an der Hand, um Ihre Partnerin eifersüchtig und trennungswillig zu machen. Vielleicht gehören Sie zu den Männern, die es herrlich finden, den halben Samstag damit zu verbringen, bei lauter Musik in der Garage Ihren ganzen Stolz, das Auto, zu wienern. Dadurch bringen Sie nicht nur Ihren fahrbaren Untersatz auf Hochglanz, sondern schüren gleichzeitig die Eifersucht Ihrer Partnerin, die sich nichts sehnlicher wünscht, als von Ihnen auch mal so viel Liebe und Zuwendung zu erhalten wie Ihr Auto. Missgünstigen Blickes wird sie Ihre Aktivitäten aus dem Küchenfenster beobachten: Ach, würden diese Hände mich mal so hingebungsvoll streicheln! Aber Achtung: Lassen Sie sich nicht in den gefühlsduseligen Morast der weiblichen Psyche ziehen! Frauen sind wie Zwiebeln: Dringt man nur eine Schicht zu tief vor, gibt's reichlich Tränen. Fummeln Sie deshalb nur an der Oberfläche herum, dann gibt's auch nichts zu weinen. Fragen Sie bloß nicht nach, was mit ihr los ist, wenn Ihre Partnerin mit verheulten Augen herumläuft und ignorieren Sie ihre sentimentalen Anwandlungen. Wann immer sich in Ihnen Mitleid regt, machen Sie sich bewusst, dass Fernseher und Computer die modernen Liebestöter schlechthin sind und machen Sie deshalb ausführlich Gebrauch davon. Samstagnachmittags ist das Wohnzimmer selbstverständlich frauenfreie Zone, denn da läuft Fußball. Sagen Sie zu Ihrer Frau beim Einschalten des Fernsehers: »Möchtest du noch etwas sagen, bevor die Fußballsaison anfängt?« Frauen tendieren nämlich dazu, in den ungünstigsten Augenblicken zu erscheinen und dumme Fragen zu stellen. Da läuft das Finale der Champions League und Ihre Liebste kommt just in dem Moment, in dem ein Tor fällt, ins Zimmer, um Sie mit banalen Nebensächlichkeiten zu nerven: »Schatz, hast du eine Ahnung, wo der Eierkocher ist?« Auf Ihren Entsetzensschrei reagiert sie allenfalls unschuldig mit: »Oh, ich wollte doch bloß ...« Und wenn sie endlich wieder gegangen ist, haben Sie auch noch die Wiederholung des Tors verpasst. Besonders penetrante Exemplare der weiblichen Gattung lassen sich nicht so schnell abwimmeln und stellen dann auch noch unverzeihliche Fragen wie: »War das nicht ein Abseits?« Was soll man da noch sagen? Frauen verstehen von Fußball so viel wie ein Ameisenbär von Rock'n'Roll. Also sollten sie lieber den Mund halten. Sie dürfen allenfalls das gekühlte Bier und die Wurstbrote bereitstellen. Wenn Sie Ihrer Frau diese Einstellung deutlich machen, wird die Stimmung im trauten Heim sofort unter den Gefrierpunkt fallen.

Fernsehen killt jede Form von Kommunikation. Das ist schließlich das Ziel – denn wer nicht mehr miteinander spricht, hat kaum noch einen Grund, überhaupt zusammenzubleiben. Geben Sie sich daher jeden Abend den visuellen Genüssen der Flimmerkiste hin. Zärtlichkeiten sind in dieser Zeit tabu, schließlich haben Sie alle Hände voll zu tun. Ihr Spielzeug ist die Fernbedienung und nicht die Frau neben Ihnen. Der amerikanische Komiker Jerry Seinfeld hat völlig richtig beobachtet, dass Frauen anderes fernsehen als Männer: »Frauen sehen fern. Männer wollen wissen, was es sonst noch im Fernsehen zu sehen gibt. Deswegen zappen sie.« Wenn Sie möglichst wahllos herumschalten, wird Ihre Frau schnell entnervt aufstehen und zum Schmollen ins Schlafzimmer gehen.

Sollte sie dann plötzlich in scharfen Dessous vor Ihnen auftauchen, um Sie von Ihrer Lieblingssendung abzulenken, setzen Sie klare Prioritäten: Jetzt ist TV-Time! Selbstverständlich sollten Sie außerdem darauf beharren, dass im Fernsehen das läuft, was Sie sehen wollen. Strafen Sie Ihre Partnerin mit verächtlichen Blicken, wenn sie sich eine Liebesschnulze ansehen will. Rosamunde Pilcher und *Traumschiff* haben in Ihrem Wohnzimmer nichts zu suchen. Verbitten Sie sich außerdem unnötiges Geschnatter. Überreden Sie Ihre Frau mit süffisanten Bemerkungen wie: »Du könntest auch mal was für deine Bildung tun!«, zu wissenschaftlichen Sendungen, Wirtschaftsmagazinen und politischen Journalen. Wahrscheinlich wird sie schnell das Weite suchen.

Um Ihre Beziehung komplett zu ruinieren, müssen Sie sich darüber hinaus noch ganz dem Computer verschreiben. Das wird Ihnen bestimmt nicht schwerfallen. Das Internet bietet ja unzählige Möglichkeiten der Zerstreuung. Bis in die tiefe Nacht hinein können Sie sich mit guten Argumenten (»Ich muss mich bilden«, oder: »Ich muss die Börsenkurse verfolgen«) in Ihr Arbeitszimmer zurückziehen. Was Sie dann am Computer so alles treiben, bleibt Ihnen überlassen. Chatten Sie nach Herzenslust mit Mausi, Janine und SexyHexi325, und Sie sind dem Singledasein schon ganz nahe. Der Vorteil der anonymen Internetbekanntschaft ist, dass diese Sie wenigstens nicht mit irgendwelchen banalen Alltagsdingen nerven.

Es ist also ganz einfach: Um Ihre Liebste gehörig zu frustrieren, braucht es nicht viel. Sie müssen nur einfachste Entscheidungen treffen. Fernsehen, Computer, Sport oder Autos? Ordnen Sie diese Männerdomänen gemäß Ihren persönlichen Prioritäten und haben Sie Spaß! Genießen Sie Ihr Leben ohne Rücksicht auf Verluste. Und keine Angst: Sobald Ihr Schatz begreift, dass sie weit abgeschlagen an letzter Stelle steht, werden Sie endlich wieder noch mehr Zeit für Ihre Spielsachen haben.

Kampfplatz Auto

Das Männerspielzeug Auto birgt allerdings noch mehr Potenzial zum Beziehungsruin. Meist sind die Zeiten, in denen sich die Autoscheiben durch den wilden Sex beschlagen, schnell vorbei. Im fortgeschrittenen Stadium einer Beziehung gibt es für Hitze im Auto meist andere Gründe. Ein Mann und eine Frau gemeinsam unterwegs – das ist ein Kapitel für sich, das die Gemüter schnell in Wallung bringen kann. Der Ärger geht schon los, bevor Sie Ihre Liebste überhaupt ins Auto bekommen. Während Sie bereits seit einer halben Stunde vor der Tür auf und ab gehen, muss sie sich erst noch zweimal umziehen, hingebungsvoll schminken, eine andere Handtasche suchen, kurz mit der Freundin telefonieren, um Ihnen dann zuzuflöten: »Komme gleich!« Der Startschuss für eine »gemütliche« Autofahrt ist abgegeben. Haben Sie schon mal zwei Männer im Auto streiten sehen? Ich nicht. Männer sind sich im Fahrstil einig und plaudern entspannt über dies und das, mag die Situation im Straßenverkehr auch noch so brenzlig sein. Sitzt dagegen ein Paar im Auto, sieht das Ganze schon anders aus:

Sind Frauen Beifahrer, dann erstarren sie zur Salzsäule, sobald der Mann das Gaspedal berührt, in steter Erwartung ihres nahen Endes. »Musst du *immer* so rasen?« Dabei wollten Sie im Zweifelsfall einfach den von ihr verschuldeten Zeitrückstand aufholen und schrecken auch vor ein paar läppischen Punkten in Flensburg nicht zurück. Sie sind der Held der Straße, haben Sie schon mal von einer Heldin der Straße gehört? Eben.

Selbst wenn Ihnen ein verwirrter Mittachtziger direkt vor das Auto läuft, hat Ihre Partnerin nichts Besseres zu tun, als Sie anzuschreien: »Hast du es nötig, harmlose Rentner zu erschrecken? Ist das dein neues Hobby?« So geht das die ganze Zeit. »Bist du wahnsinnig, so nah aufzufahren?«, »Pass doch auf, die Ampel ist rot!«, oder: »Mein Gott, bist du rücksichtslos!« Dabei passen Sie sich nur dem Verkehrsfluss an.

Da gibt's nur eine Möglichkeit – klare Ansagen machen: »Anschnallen und Klappe halten!« Verbitten Sie sich jeglichen Kommentar und drohen Sie Ihrer Frau, sie aus dem Auto zu werfen, wenn sie nicht ruhig ist. Sehen Sie Ihren schwungvollen Fahrstil als Möglichkeit für Ihre Partnerin, ihre unbegründeten Ängste zu überwinden. Mit der Achterbahn fährt sie schließlich auch gern. Nehmen Sie keine falsche Rücksicht – natürlich nur im Rahmen der Verkehrslage, Sie wollen ja in Ihrem Überschwang keinen Unfall verursachen. Sparen Sie nicht mit wortgewaltigen Beschimpfungen anderer Verkehrsteilnehmer. »Dieser Idiot, kann der nicht aufpassen! Dem zeig ich jetzt mal, was 'ne Harke ist! Arschloch!«

Sie können das Ganze aber noch steigern: Drücken Sie Ihrer Frau eine Straßenkarte in die Hand, dann geht der Ärger erst richtig los. Während Sie auf klare Anweisungen warten, dreht Ihre Liebste die Karte in die seltsamsten Richtungen und wedelt Ihnen damit nervös vor der Nase herum. »Warte, gleich hab ich's ... jetzt musst du scharf rechts ... nein, links ... Moment mal, was ist denn das für eine Scheißkarte ... ja, ich glaube ... nein, warte mal ... Jetzt bist du vorbeigefahren! Ach, fahr doch mal rechts ran, lass uns fragen ...« Fragen ist aber – berechtigterweise – unter Ihrer Würde. Wozu haben Sie schließlich eine Karte? Aber mit einer derart unfähigen Beifahrerin würde ja nicht einmal Michael Schumacher ans Ziel kommen ... Und schon sind Sie im dicksten Streit.

Noch schlimmer wird es, wenn sie fahren will. »Lass mich heute mal fahren!«, ist ein Satz, den jeder Mann fürchtet wie der Teufel das Weihwasser. Denn Frauen haben einen komplett anderen Fahrstil als Männer und sie hassen es, wenn der Partner an ihrer Seite zum Fahrlehrer mutiert. Das sollten Sie nutzen. Belehren Sie Ihre Partnerin unentwegt, so dass sie sich nach zwanzig unfallfreien Jahren wie eine Anfängerin fühlt – natürlich immer mit Rücksucht auf die Verkehrslage. »Schatz, jetzt wechsle doch endlich die Spur! Du fährst zu defensiv! Gib doch mal Gas!« Frauen leiden außerdem unter »Park-inson«, das heißt, sie können nicht einparken. Beim Anblick einer acht Meter langen Parklücke flötet Ihre Süße: »Liebling, kannst du mal bitte aussteigen und mich einweisen?« Schubsen Sie sie ungeduldig zur Seite und übernehmen Sie souverän das Lenkrad. Der Groll Ihrer Partnerin ist Ihnen gewiss. Gemeinsame Autofahrten sind immer wieder aufs Neue ein unerschöpflicher Quell für wüste Vorwürfe und hässliche Szenen, bei denen einer der Partner wutentbrannt das Auto verlässt. Das wirkt noch lange im Alltag nach. So eine kleine Spritztour kann Ihre Beziehung daher ganz schnell ruinieren – Sie brauchen aber starke Nerven für diese Strategie.

Zynismus ist wie Zyankali

Ein kleiner Giftpfeil hie und da wirkt Wunder, wenn Sie Ihre Partnerin loswerden wollen. Doch Sie müssen ihn gezielt setzen, vor allem in Richtung der wunden Punkte Ihrer Frau. Jeder Mensch hat Verletzlichkeiten. Frauen haben beispielsweise oft große Probleme, ihren eigenen Körper anzunehmen. Ständig haben sie etwas an sich auszusetzen. Die eigene Figur ist und bleibt für fast jede Frau ein heikles Thema, und da ist es ein Leichtes für Sie, den Finger in die Wunde zu legen. Ein abschätzender Blick mit dem Kommentar: »Hast du zugenommen?«, wirkt immer, um Ihrer Frau ein schlechtes Gefühl zu geben. »Dein Busen war auch schon mal straffer!«, oder: »Irre ich mich, oder hängt dein Po etwas?« Pfeile dieser Art sitzen tief. Um Ihre Beziehung zu zerstören, können Sie Ihre Frau auch ganz gezielt mit anderen Frauen vergleichen, wobei sie natürlich immer schlecht abschneidet.

Ihre Partnerin ist weniger gebildet als Sie? Zögern Sie nicht, sie »mein kleines Dummchen« zu nennen – am besten in der Öffentlichkeit. Sie liest lieber einen Frauenschmöker als hochtrabende Literatur? Lassen Sie die Gute spüren, was Sie davon halten. Fangen Sie Gespräche über Themen an, von denen Sie genau wissen, dass sie nicht mithalten kann. Vor allem vor Publikum bleibt Zynismus unschlagbar. Sagen Sie mit einem fiesen Grinsen: »Na ja, meine Frau hat andere Qualitäten!«

Giftpfeile kommen vor allem in den Bereichen gut an, die Ihrer Frau heilig sind, die ihr besonders am Herzen liegen. Stellen Sie deshalb am besten die Weltanschauung Ihrer Partnerin komplett infrage. Was auch immer ihr wichtig ist, demontieren Sie es Stück für Stück. Ihre Frau ist religiös, Sie aber nicht? Machen Sie sich lustig über ihren Glauben. »Du immer mit deiner Frömmelei! Brauchst wohl einen Papa oben im

Himmel!« Geben Sie ihr eindeutig zu verstehen, dass Sie von dem ganzen religiösen Kram nichts wissen wollen.

Ihre Partnerin interessiert sich für Esoterik oder Spiritualität? Oh je, oh je! Lassen Sie keinen Zweifel daran, dass Sie für diese Spinnereien nichts übrig haben. Welcher aufgeklärte Mensch glaubt schon an diesen Quatsch? Nichts von den tiefen Überzeugungen Ihrer Partnerin ist wissenschaftlich erwiesen, und was nicht wissenschaftlich bewiesen ist, ist absoluter Humbug. Ein Leben nach dem Tod? Lächerlich! Der Mensch soll eine unsterbliche Seele haben? Hat die schon mal jemand gesehen? Sie glaubt an Wiedergeburt? Das schlägt dem Fass den Boden aus. Ihre Frau meditiert jeden Tag? Wozu soll es gut sein, auf einem Kissen zu hocken und die Augen zu schließen? Entspannen kann man auch beim Fernsehen. Sie jedenfalls brauchen diesen ganzen Unfug nicht.

Nehmen Sie Ihre Partnerin mitleidig lächelnd in den Arm, nach dem Motto: Ach, du dummes Schäfchen, dir kann man aber auch alles erzählen! So sind Ihnen die Aggressionen Ihrer Partnerin gewiss, denn kein Mensch hat es gerne, wenn man auf ihn herabschaut. Demütigung ist eine der besten Waffen im Beziehungskampf.

Fazit

Lieber Leser,

wie Sie sehen, können Sie ausgesprochen viel zum Partnerrecycling beitragen. Gerade durch Ihre Bequemlichkeit und Gleichgültigkeit, Ihren ständigen emotionalen Rückzug und Ihre Sprachlosigkeit leisten Sie Außergewöhnliches, um Beziehungen in den Sand zu setzen. Sollten Sie nach der Lektüre dieses Buches tatsächlich noch den Wunsch verspüren, Ihre Beziehung zu erhalten, wissen Sie jetzt allerdings auch, was dann zu tun ist: nämlich genau das Gegenteil von dem, was ich in den vorangegangenen Kapiteln aufgeführt habe. Und keine Bange, wenn Sie das Opfer einer Kettenmail von Frauen werden: Bei der Nächsten können Sie alles anders machen.

Zu Risiken und bei Nebenwirkungen des Buchs wenden Sie sich bitte an:

Praxis für systemische Paar-und Familientherapie
Ulrike Dahm
Gartenstr. 20
82008 Unterhaching
Tel. 089-6118847
www.wege-zum-selbst.de
info@ wege-zum-selbst.de

Zum Schmökern

Winters, Nancy: *Wie erziehe ich meinen Mann*, Verlag Egmont 2003

Gaymann, Peter: *Ich will Dich glücklich machen*, Eichborn Verlag

Höfner, Eleonore: *Die Kunst der Ehezerrüttung*, Rowohlt Verlag, 1995

Loriot: *Männer & Frauen passen einfach nicht zusammen*, Diogenes Verlag 2006

Merten, Michaela / Franckh, Pierre: *Der ganz alltägliche Beziehungswahnsinn*, Ariston Verlag 2007

Hellinger, Bert / ten Hövel, Gabriele: *Anerkennen, was ist. Gespräche über Verstrickung und Lösung*, Kösel Verlag 1997

Ulrike Dahm

Wie Sie erfolgreich Ihre Beziehung ruinieren

Ulrike Dahm

Wie Sie erfolgreich Ihre Beziehung *ruinieren*

18 Wege zur sicheren Trennung

ARISTON

Ulrike Dahm, Jahrgang 1954, ist systemische Familien- und Paartherapeutin mit eigener Praxis in München. Sie hat Zusatzausbildungen in Voice Dialogue, Hypnotherapie, Traumatherapie und EFT. Bislang sind bei Ariston von ihr erschienen: *Starke Frauen sagen Nein!* sowie *Mit der Kindheit Frieden schließen*.

Bibliografische Information der Deutschen Bibliothek

Die Deutsche Bibliothek verzeichnet diese Publikation in der Deutschen Nationalbibliografie; detaillierte bibliografische Daten sind im Internet unter http://dnb.ddb.de abrufbar.

Umschlaggestaltung: Christ | GriesbeckDesign
unter Verwendung eines Motivs von dieKLEINERT
Satz: EDV-Fotosatz Huber/Verlagsservice G. Pfeifer, Germering
Druck und Bindung: GGP Media GmbH, Pößneck
Printed in Germany

ISBN: 978-3-7205-4051-3

Inhalt

Vorwort

Liebe Leserin,
dieses Buch zu schreiben, hat mir unheimlich viel Spaß gemacht. Endlich konnte sich nach vier ernsthaften Büchern auch einmal meine humorvolle Seite austoben.

Trennungen sind oft ein schmerzhafter Prozess: Man wird von einem schlechten Gewissen gequält, weil man den Partner verlassen möchte – vielleicht sogar nach einer sehr langen gemeinsamen Zeit. Andererseits kann man sich auch nicht vorstellen, noch weitere Zeit miteinander zu verbringen. Die Lösung ist es, den Spieß umzudrehen und den Partner dazu zu bringen, SIE zu verlassen. Es gibt zahlreiche Strategien, wie Sie die Verlassene werden und eigentlich doch die glückliche Gewinnerin sind.

Ich muss gestehen, ich habe viele der Tipps, die ich Ihnen hier vorstelle, in vergangenen Beziehungen selbst ausprobiert. Peinlich, aber wahr! Und ich erhalte tagtäglich neuen Stoff durch meine Arbeit als Paar- und Familientherapeutin. Dabei habe ich ein gängiges Muster in Partnerschaften beobachtet. Wenn Frauen ihr Herz verschenken, wird die Beziehung schnell zu ihrem Lebensmittelpunkt. Tendenziell rücken sie ihrem Partner eher auf die Pelle und wollen ihn ihrem Wunschbild entsprechend verändern, da sie emotional sehr stark auf ihn ausgerichtet sind. Frauen sind sozusagen der Motor in einer Beziehung. Männer dagegen sind eher ichbezogen und deshalb in der Partnerschaft weniger anspruchsvoll. Haben sie sich erst einmal häuslich eingerichtet, könnte es für sie ewig im gewohnten Trott weitergehen. Männer nehmen verstärkt die passive Rolle ein, in seltenen Fällen können die beiden Muster allerdings auch vertauscht sein.

Das Buch besteht aus zwei Teilen: Am besten ist es, wenn Sie sich zunächst die Trennungstipps für Frauen durchlesen und danach in die Anleitungen zum Beziehungsruin für Männer hineinschauen. Zum einen möchte ich Ihnen aufzeigen, was Sie tun können, dass eine wirkliche Beziehung erst gar nicht zustande kommt, zum anderen, wie Sie Ihren Partner, sollten Sie bereits eine Beziehung eingegangen sein, wieder loswerden können. Die Reihenfolge der Trennungstipps ist nicht wie die Beschreibung eines Kochrezeptes angelegt, das Sie in einer bestimmten Reihenfolge »abarbeiten« können, sondern jeder Tipp steht für sich allein und selbstverständlich ist es eine Typsache, welche Strategie Sie persönlich anspricht. Auch sind nicht alle Methoden auf jede Beziehung anwendbar. Für Verheiratete oder Paare, die schon länger zusammenleben, eignen sich andere Tipps als beispielsweise für Paare, die erst seit Kurzem zusammen sind.

Selbstverständlich steht es Ihnen frei, das Buch auf zweierlei Arten zu lesen, denn die Bedeutung der Botschaft bestimmt bekanntlich immer der Empfänger. Einerseits ist es ein Ratgeber, der Ihnen zeigt, wie Sie die Nerven des Partners problemlos überstrapazieren und die bessere Hälfte schnell vergraulen können. Andererseits können Sie zwischen den Zeilen herauslesen, wie Sie sich *nicht* verhalten sollen, wenn Ihnen der Partner etwas bedeutet. Je nachdem, was Sie für die Zukunft Ihrer Beziehung planen, wird Ihnen dieser Ratgeber bei der Umsetzung Ihrer Pläne behilflich sein. Wie auch immer Sie das Buch nutzen wollen, ich wünsche Ihnen viel Spaß beim Lesen!

Besonders bedanken möchte ich mich an dieser Stelle bei Stefan Kasberger und Boris Pikula, die mir mit ihrem trockenen Humor immer wieder hilfreich zur Seite standen und mir den einen oder anderen Einfall lieferten. Viel zu verdanken habe

ich auch der Provokativen Therapie von Frank Farelly und seiner deutschen Stellvertreterin Eleonore Höfner, die ein herrlich komisches Kabarett zum Thema »Die Kunst der Ehezerrüttung« gemacht hat.

Partnerschaft – Wie man den Partner schafft

Die Ehe ist ein Übel,
ein bittersüßes Joch.
Sie gleicht fürwahr der Zwiebel,
man weint und isst sie doch.
Verfasser unbekannt

Vielleicht zweifeln Sie bereits seit längerer Zeit daran, dass Ihr Partner der Richtige für Sie ist. Sie wollen sich trennen, haben es aber bisher noch nicht geschafft. Es kann sein, dass Sie unzufrieden sind, weil der Sex aus Ihrer Partnerschaft verschwunden ist, Sie aber darauf nicht verzichten wollen. Ihr Partner will zwar keine Intimitäten mehr, hat aber dennoch nicht vor, sich zu trennen. Mit meinem Buch möchte ich Ihnen zeigen, wie Sie den Sexmüden loswerden können. Vielleicht dümpelt Ihre Beziehung seit Jahren auch nur noch vor sich hin. Sie hat keine Höhen und Tiefen, ist todlangweilig. In Ihnen kristallisiert sich immer mehr ein Gedanke heraus: Das kann doch nicht alles gewesen sein! Recht so! Sie haben Besseres verdient als im zarten Alter von fünfunddreißig auf dem Sofa zu versumpfen. Befolgen Sie die Tipps, und ER wird bald das Weite suchen. Sind Sie vielleicht sogar in Gefahr, eine neue

Partnerschaft einzugehen, weil Ihnen die Hormone die Sicht vernebelt haben? Am Ende haben Sie sogar vor Kurzem geheiratet, bereuen es aber jetzt schon? Dann ist dieses Buch genau das Richtige für Sie. Es gibt Ihnen eine detaillierte Anleitung an die Hand, wie Sie ohne schlechtes Gewissen Ihren Partner in null Komma nichts wieder loswerden können.

Beziehungsratgeber gibt es in Hülle und Fülle. Sie wachsen uns schon aus den Ohren heraus – und helfen meist doch nicht. Es scheint unmöglich, dass zwei so unterschiedliche Wesen wie Mann und Frau miteinander klarkommen könnten. Und ist dies überhaupt erstrebenswert? Wozu der ganze Beziehungsfrust? Das fragen sich vermutlich Tausende Paare quer durchs ganze Land. Denn: Männer und Frauen passen einfach nicht zusammen. Sie fühlen sich in der Gegenwart ihrer gleichgeschlechtlichen Artgenossen viel wohler. Das zeigt sich beispielsweise in dem alten Muster, das man bei sonntäglichen Spaziergängen beobachten kann. Sind zwei Paare unterwegs, so geht grundsätzlich die Frau mit der Frau und der Mann mit dem Mann. Dennoch treibt uns der Drang zur Fortpflanzung immer wieder hin zum anderen Geschlecht. Aber muss daraus gleich eine Beziehung werden?

Seien wir doch einmal ehrlich. Kennen Sie eine wirklich glückliche langjährige Partnerschaft? Um uns herum nur Sodom und Gomorrha! Laut Statistik wird jede dritte Ehe in Deutschland geschieden, in Großstädten sogar jede zweite. Das gibt zu denken. Und dabei berücksichtigen die Statistiken nicht einmal die unverheirateten Paare, die sich wieder trennen! Die Dunkelziffer ist also viel höher als angegeben. Die Ehe als lebenslange Gemeinschaft hat ausgedient, sie passt nicht mehr in unsere schnelllebige Zeit. Das Modell der Lebensabschnittsgefährten ist angesagt. Fortgeschrittene bringen es sogar zum Tagesabschnittsgefährten.

Beziehungen selbst zu beenden ist anstrengend und endet meist mit schlechtem Gewissen. Es ist einfach unangenehm, jemandem offen zu sagen, dass die Beziehung für Sie vorbei ist. Da ist es doch viel bequemer, dafür zu sorgen, dass der Partner freiwillig geht. Dabei kann Ihnen dieses Buch helfen. Wenn Sie die vorgeschlagenen Tipps verfolgen, werden Sie auch den größten Trennungsmuffel in die Flucht schlagen.

Langjährige Beziehungen sind meist ziemlich öde, der Sex ist mau, der Alltag grau. Dabei war es früher einmal in der ersten Phase der Verliebtheit so aufregend! Aber diese Zeit ist ein für alle Mal vorbei. Schon nach wenigen Jahren oder manchmal sogar nach ein paar Monaten des Zusammenlebens geht im Partner eine erstaunliche Wandlung vor und der edle Ritter mutiert zum fernsehsüchtigen Couchmuffel. Deshalb frage ich Sie, liebe Leserin: Wollen Sie sich Ihre Nachtruhe wirklich von einem schnarchenden Ehemann kaputt machen lassen? Sie wissen doch wie Männer sind: Spätestens nach der Werbephase werden sie bequem und lassen in ihren Bemühungen deutlich nach. Sie widmen sich lieber stundenlang der Säuberung ihres Autos oder Motorrads, anstatt Ihnen Streicheleinheiten zukommen zu lassen. Zudem gibt es da häufig noch die Schwiegermutter, die sich ungefragt in Ihr Leben einmischt.

Warum also nicht auf zu neuen Ufern? Machen Sie es sich leicht, suchen Sie das schnelle Abenteuer, den Rausch der Verliebtheit, lassen Sie sich auf keinen Fall zu tief auf einen Mann ein! Bleiben Sie in Ihrem Herzen ein Single, auch wenn Sie wechselnde Partner haben. Sie müssen sich heutzutage nicht nächtelang in Kneipen oder Discos herumtreiben. Im Zeitalter des Internets gibt es überall Ersatz. Melden Sie sich einfach bei einer Partnerbörse an, dort gibt es Auswahl in Hülle und Fülle! Sie blättern geschwind wie in einem Katalog, und schwupps – da sind sie, die begehrenswerten Singles aus dem ganzen Land. Wozu sich also mit langwierigen Beziehungs-

problemen herumplagen? Am besten stolpern Sie von einer Verliebtheit in die andere! Außerdem kurbeln Trennungen die Wirtschaft an, die Immobilienmakler, Steuerberater, Scheidungsanwälte, Singlebörsen, Möbelhäuser und nicht zuletzt Paartherapeuten wie ich freuen sich! Tragen Sie aktiv zum Wirtschaftswachstum bei! Verplempern Sie nicht Ihre wertvolle Lebenszeit mit einem langweiligen Beziehungsalltag oder Dauerkrächen. Schließlich lebt man nur einmal. Sie haben etwas Besseres verdient!

Leider fehlt es bisher an detaillierten Anleitungen, wie Sie eine Beziehung erfolgreich in den Sand setzen können. Und diese Lücke möchte ich mit diesem Buch schließen. Es bietet Ihnen maßgeschneiderte Strategien, wie Sie Ihren Partner schnellstmöglich vergraulen können. Vielleicht haben Sie in Ihren Eltern ja bereits gute Vorbilder in Sachen Ehezerrüttung gehabt. Sie haben sich gestritten bis aufs Blut, sich gegenseitig niedergemacht, bekämpft oder still vor sich hingelitten, um dann schließlich den letzten Schritt doch nicht zu wagen und sich weiterhin gegenseitig unglücklich zu machen. Diesen Fehler können Sie vermeiden, wenn Sie die hier aufgeführten Ratschläge beherzigen. Ich garantiere Ihnen, Ihr Partner wird in kürzester Zeit schreiend davonrennen.

Die Beziehungszerrüttung ist eine hohe Kunst. Dabei sollten Männer und Frauen unterschiedlich vorgehen, schließlich haben Frauen andere Stärken und wunde Punkte als Männer. Auch die Waffen der Geschlechter sind verschieden. Frauen sind in der Regel die besseren Beziehungsdemontierer, mussten sie sich doch viele Jahrhunderte ausschließlich im häuslichen Kreise bewegen und konnten ihre ganze Kraft auf den Mann konzentrieren. Frauen haben die Kunst des Beziehungsruinierens verfeinert. Männer hingegen mussten hinausziehen in die Welt, ihren Mann stehen und sich mit anderen Dingen beschäftigen. Sie waren lediglich daran interessiert, dass

zu Hause alles reibungslos lief, damit sie dort Kraft sammeln konnten für ihre aushäusigen Beutezüge. Das heißt allerdings nicht, dass es für Männer nicht auch hervorragende Strategien gäbe, eine Frau loszuwerden, wenn sie denn einmal ihre Zerrüttungsträgheit überwunden haben.

Um es Ihnen leichter zu machen, den ungeliebten Partner loszuwerden, habe ich Ihnen im Folgenden die besten Tricks und Tipps für Frauen zusammengestellt. Sie speisen sich sowohl aus meiner persönlichen Erfahrung als auch aus meiner langjährigen Tätigkeit als Paar- und Familientherapeutin. Falls Sie also, wie ein Küchenhersteller wirbt, »Ihren Alten« entsorgen wollen, hier ein paar hilfreiche Vorschläge.

Trennungstipps für Frauen

Zu glauben, die Ehe sei ein sicherer Hafen,
ist in etwa das Gleiche, wie zu denken,
die Golanhöhen seien ein Luftkurort.
Sissi Perlinger

Frauen sind Expertinnen in der Beziehungszerrüttung. Sie sind Meisterinnen der Unzufriedenheit in Beziehungen, da sie immer das Potenzial des Partners vor Augen haben. Sie schauen weniger auf das, was ist, sondern mehr auf das, was sein könnte. Das ist eine wunderbare Taktik, eine Beziehung zu ruinieren. Sehen Sie immer das halb leere Glas, anstatt sich mit dem halb vollen zufriedenzugeben. Das kann doch nicht alles gewesen sein! Es ist noch so viel mehr möglich! Und Ihr Partner hätte doch das Zeug dazu, mehr aus sich zu machen, wenn

er sich nur ein bisschen willig zeigen würde. Lassen Sie sich nicht von der Widerborstigkeit eines Mannes abschrecken. Um zum klaren Diamanten zu werden, muss er ordentlich geschliffen werden. Und das ist Ihre Aufgabe. Spornen Sie Ihren Liebsten zu Höchstleistungen an. Halten Sie ihm berühmte Vorbilder vor Augen, so dass er sich klein und mickrig fühlt. Da ist der unscheinbare Politiker, der es doch tatsächlich zum Minister geschafft hat. Beneidenswert! Und der nette Nachbar, der gerade befördert wurde und seiner Frau zum dreißigsten Geburtstag ein Cabrio geschenkt hat. Fantastisch! Und erst der Mann Ihrer besten Freundin: Er hat gerade einen Marathon gewonnen. Unglaublich, nicht wahr? Erziehen Sie den Mann an Ihrer Seite um, schaffen Sie ein Gesamtkunstwerk, das sich sehen lassen kann. Natürlich wird sich ein erwachsener Mann nicht so leicht nach Ihren Vorstellungen verbiegen lassen. So gut Sie es auch meinen mögen, er wird sich mit Händen und Füßen wehren und sich am Ende eine andere Frau suchen, bei der er sein kann, wie er ist, oder er wird so langweilig, dass Sie ihn nicht mehr respektieren können. Vielleicht kennen Sie die Männerverachtung ja schon von Ihrer Mutter, die Ihren Vater immer schlechtmachte. Männer reagieren darauf sehr empfindlich und ziehen sich komplett aus der Beziehung zurück. Damit haben wir unser Ziel erreicht.

Männer haben es gern, wenn Frauen sie nehmen, wie sie sind. In neunzig Prozent aller Profile in Singlebörsen ist das nachzulesen. Dem wollen wir gezielt entgegenwirken. Modeln Sie Ihren Partner nach Herzenslust um, bis er sich selbst im Spiegel nicht wiedererkennt. Die folgenden Ausführungen sollen Sie darin unterstützen, für Ihre Nachfolgerin ganze Arbeit zu leisten. Denn das wird ziemlich wahrscheinlich nach Beendigung Ihres ehrgeizigen MVPs (Männerveränderungsprogramms) passieren: Er fällt, eh Sie es sich versehen, in alte

Verhaltensweisen zurück und sucht sich eine andere, die sich an ihm die Zähne ausbeißen kann.

Darüber hinaus gibt es noch viele andere Zerrüttungsstrategien – für Anfängerinnen wie für Profis, für Frischverliebte wie für lange Verheiratete, manche leicht, andere mit etwas Raffinesse durchführbar.

Der Ritter auf dem weißen Pferd

Zunächst möchte ich Ihnen aber zeigen, wie Sie verhindern können, dass eine feste Beziehung überhaupt zustande kommt. War es nicht zum Weinen schön, als Richard Gere am Ende von *Pretty Woman* über den Balkon zu seiner Geliebten hochkletterte, während unten seine Limousine auf sie wartete? Und haben Sie schon mal in Kai Pflaumes Sendung *Nur die Liebe zählt* gesehen, wie ein »richtiger« Mann seiner Angebeteten einen Heiratsantrag macht? Er seilt sich aus einem Bürogebäude ab, um seine Süße, die gerade in einem Geschäftsmeeting sitzt, durch das Fenster im fünfunddreißigsten Stock zu fragen, ob sie ihn heiraten will. Oder er lockt seine Angebetete in ein Tiefseeaquarium und schwimmt dort mitten unter Haien, nur um sie in den Hafen der Ehe zu manövrieren. Das sind die Prachtexemplare der männlichen Gattung! Geben Sie sich auf keinen Fall mit weniger zufrieden. Sie haben sich einen Superman verdient. Leider sind diese Exemplare recht dünn gesät und meist auch noch bereits vergeben. Der Durchschnittsmann ist keineswegs bereit, für Sie aus einem Flugzeug zu springen. Im Gegenteil: Männer sind bequem. Wenn sie sich ihrer Partnerin erst mal sicher sind, hören sie auf zu balzen. Am liebsten für immer.

Bewahren Sie sich das Bild vom heiß geliebten Traummann. Geben Sie sich wilden Fantasien mit dem lonesome Cowboy,

dem unerreichbaren Kollegen, dem zölibatären Pfarrer oder dem attraktiven, verheirateten Nachbarn hin. Für Sie soll es keine Mittelmäßigkeit geben. So vergehen die Jahre, und es besteht keine Gefahr, dass Sie Ihr Herz an einen normalen, greifbaren Mann verlieren – er könnte ohnehin niemals mit Ihrer Vorstellung von einem wahren Mann mithalten. Bewahren Sie sich auch in fortgeschrittenem Alter die Flamme der ewigen, allumfassenden Liebe in Ihrem Herzen! Der Eine oder keiner! Außerdem, was ist schon das bisschen Sehnsucht nach dem idealen Partner gegen das, was Ihnen erspart bleibt!

Sollten Sie sich dennoch in einen Mann aus Fleisch und Blut verliebt haben, so steigen Sie keinesfalls in die dumpfen Niederungen einer Dauerbeziehung hinab. Alles muss so bleiben wie am ersten Tag. Er soll Sie auf Händen tragen und Ihnen die Welt zu Füßen legen. Tägliche Liebesschwüre und üppige Blumenbouquets sind selbstverständlich. Das hält kein Mann lange aus, und Sie können sicher sein, dass er bald unter Ihren Anforderungen zusammenbrechen wird. Lässt er in seinen Bemühungen nach, suchen Sie sich einfach ein neues Opfer, mit dem Sie den Rausch des Verliebtseins leben können. Die Auswahl ist schließlich unbegrenzt! Bleiben Sie stets verliebt in die Liebe, in Leidenschaft und Ekstase, den grauen Beziehungsalltag sollen andere leben.

Sollte sich ein Mann von Ihren Strategien nicht abschrecken lassen und sich trotz Ihrer eigentlich nicht erfüllbaren Ansprüche in Sie verlieben, obwohl Sie dies nicht wollen, so bedarf es einer völlig anderen Beziehungsvermeidungs-Strategie, um ihn loszuwerden. Wenn Sie zu diesem Mann sagen: »Ich will dich nie mehr wiedersehen«, könnte dies unter Umständen seinen Jagdinstinkt erst so richtig anheizen. Er läuft dann zu seiner Höchstform auf, wenn frau ihm den Laufpass gegeben hat. Jetzt wird er ungeheuer kreativ, schickt Blumen, verfasst poetische Liebesbriefe, singt ein Ständchen unter Ihrem Fens-

ter. Wenn Sie also einen solchen Mann wirklich loswerden wollen, müssen Sie andere Tricks anwenden. Rücken Sie ihm auf die Pelle! Deponieren Sie bereits nach dem ersten Rendezvous Ihre Zahnbürste und andere Kosmetika in seinem Badezimmer. Bringen Sie schon mal Ordnung in sein altvertrautes Chaos. Quatschen Sie seinen Anrufbeantworter mit Liebesschwüren voll. Drängen Sie ihn zu klaren Stellungnahmen und planen Sie schon mal die nächsten zehn Jahre mit ihm. Stellen Sie ihn möglichst nach einer Woche Ihren Eltern vor mit der Bemerkung: »Das ist er!« Nie haben Sie ihn schneller um die Ecke biegen sehen, als wenn Sie möglichst oft zu ihm sagen: »Ich liebe dich, wie ich noch nie jemanden geliebt habe! Ich will dich heiraten, denn du sollst der Vater meiner Kinder sein!« Bravo! Jetzt wird es eng für ihn. Er kennt Sie noch gar nicht richtig und Sie malen sich schon Ihr gemeinsames Leben aus. Das Ehegefängnis nimmt vor seinem inneren Auge deutlich Gestalt an, und er wird sich heimlich, still und leise aus dem Staub machen. Denn nichts lieben die meisten Männer so sehr wie ihre Freiheit. Und sie sind stolze Geschöpfe: Wenn hier jemand einen Heiratsantrag macht, dann wohl der Mann! Prescht frau nach vorn, fühlen sie sich unterlegen, und weil ihnen die Kontrolle zu entgleiten droht, suchen sie schnellstens das Weite.

Nur kein Stress!

Sollten Sie doch wider besseres Wissen in einer Beziehung gelandet sein, so ist noch nicht aller Tage Abend. Es gibt verschiedene hervorragende Taktiken, wie Sie den Mann, der Sie eingefangen hat, wieder loswerden können. Fangen wir mit der einfachsten an: Wenn Sie unter der Haube sind, brauchen Sie sich nicht mehr anzustrengen. Welch eine Erleichterung! Strapse und Push-up-BHs können Sie wegpacken. Kein Zwi-

cken und Zwacken mehr, weil die Jeans viel zu eng sind. Kein stundenlanges Haareföhnen, um ihm zu gefallen. Wenn er Ihnen den berühmten Ring an den Finger gesteckt hat, braucht es keinen täglichen Blick auf die Waage mehr. Endlich müssen Sie keine Kalorien mehr zählen und können beim Essen wieder unkontrolliert zugreifen. Chips und Cola beim Fernsehen? Schokolade und Pralinen ohne Ende? Kein Problem! Auf ein paar Kilos mehr oder weniger kommt es Gott sei Dank nicht mehr an. Abstrampeln im Fitnessstudio – das war einmal! Kein Bodystyling und Power-Workout mehr, was für ein Segen! Holen Sie den bequemen Trainingsanzug aus Singletagen vom Dachboden und lümmeln Sie wie Gott Sie schuf, nämlich unfrisiert und ungeschminkt, auf dem Sofa herum. Mit dieser Strategie können Sie gleich testen, ob Ihr Angetrauter sich nur wegen Ihres attraktiven Äußeren für Sie interessiert hat oder ob er Sie wirklich so liebt, wie Sie sind. Sollte es ihm tatsächlich nichts ausmachen und sollte er Ihnen vielleicht sogar nacheifern, so sparen Sie nicht mit Kritik ihrerseits. Wie kann er sich nur so gehen lassen? Spätestens jetzt fällt ihm auf, dass Sie sich schon längst nicht mehr für ihn schön machen und Sie befinden sich im dicksten Streit.

Sorgen Sie auf jeden Fall dafür, dass auch Ihr bis dato wildes Liebesleben in geordnete Bahnen mündet. Sex im Aufzug oder in freier Natur ist nun wirklich tabu. Ignorieren Sie seine lüsternen Blicke, halten Sie seinen Schmeicheleien und Verführungskünsten stand, sie sind eh nicht echt. Er umgarnt Sie doch nur, weil er Sie ins Bett zerren will. Klopfen Sie ihm entschieden auf die Finger, wenn er beim Fernsehen seine Hand zwischen Ihre Beine gleiten lässt, dieser Lüstling! Ab jetzt müssen Sie nicht mehr das Objekt seiner Triebabfuhr sein. Soll er sich doch selbst die Mühe machen!

Hören Sie nicht auf die scheinbar so schlauen Paartherapeuten, die behaupten, eine Beziehung müsse aktiv gepflegt

werden, und dass alles, worin Sie im Leben erfolgreich sein wollen, Zeit und Energie brauche. Ist der Alltag nicht schon anstrengend genug? Eine Beziehung muss Spaß machen, und zwar *immer*! Besuchen Sie keinesfalls Seminare, in denen Sie angeblich lernen, wie man richtig kommuniziert. Halten Sie sich an den Grundsatz: Entweder es läuft von allein, oder er war eben einfach nicht der Richtige.

Sie kennen das doch: Je länger Sie etwas haben, zum Beispiel ein neues Auto, umso selbstverständlicher wird es mit der Zeit. Anfangs haben Sie sich riesig gefreut und zärtlich über die neuen Ledersitze gestrichen, doch inzwischen ist es einfach ein Gebrauchsgegenstand wie jeder andere geworden. Oder Sie haben sich ein neues Sofa gekauft, auf das Sie sich zu Beginn allabendlich voller Freude haben fallen lassen, doch im Lauf der Zeit wurde es einfach zu einem Möbelstück unter vielen. Warum sollte das mit Ihrem Partner anders sein? Er weiß doch, dass er Ihnen wichtig ist. Sie müssen ihm das nicht jeden Tag aufs Neue versichern. Das ständige »Ich liebe dich« nutzt sich doch nur ab! Schließlich bringt er Ihnen auch nicht jeden Tag Rosen mit. Für je selbstverständlicher Sie sich gegenseitig halten, desto besser. Er hat Ihnen die Kleider aus der Reinigung mitgebracht? Er hat die defekte Spülmaschine repariert? Er kümmert sich um die lästige Autowäsche? Na und! Das sind doch alles ganz normale Pflichten eines Mannes, die keiner besonderen Erwähnung bedürfen. Wo kämen wir denn da hin, wenn Sie sich für jeden Handstreich bedanken müssten? Verwöhnen Sie ihn keinesfalls mit zu vielen Komplimenten. Ab jetzt werden Koseworte und anerkennende Worte nur noch äußerst sparsam und berechnend eingesetzt. Sonst wird er am Ende noch überheblich!

Männer wollen gerne für ihren Einsatz über die Maßen gelobt werden. Manchmal sind sie einfach wie kleine Jungs, die nach Mamas Beachtung schreien. Da kocht der Götter-

gatte einmal in vier Wochen, und nun sollen Sie das zähe Huhn in höchsten Tönen preisen. Er jauchzt doch auch nicht, wenn Sie das Klo geputzt haben. Speichern Sie in Ihrem Gedächtnis genau ab, wer wie viel zu einem harmonischen Zusammenleben beiträgt. Halten Sie sich zurück, geben Sie auf keinen Fall mehr, als Sie bekommen. Ihre innere Bilanz muss stimmen. Eine wichtige Strategie im Beziehungsruin ist die genaue Buchführung. Achten Sie stets darauf, was er Ihnen versprochen, aber nicht eingehalten hat. Schmieren Sie es ihm täglich aufs Butterbrot! Das verstimmt ihn garantiert. Es gibt ja altmodische Menschen, die behaupten, Geben sei seliger als Nehmen. Aber wo führt das hin? Sie wollen sich doch nicht aufopfern, oder? Und am Ende noch eine dieser grässlich harmonischen, langweiligen Beziehungen führen? Nehmen Sie also jegliche Initiative aus der Beziehung und lassen Sie einfach alles laufen – auch Ihren Partner.

Gemeinsam statt einsam

Aber auch das Gegenteil wirkt: Zu viel Initiative, zu viel Einsatz engt ein und lässt den Mann sehnsüchtig an »alte« Zeiten zurückdenken. Männer wollen sich in einer Beziehung ja gerne ihre Eigenständigkeit bewahren. Sie lassen sich gerne Hintertürchen offen, um Alleingänge machen zu können. Er will übers Wochenende eine Motorradtour mit seinem Freund Peter machen? Damit ist jetzt Schluss! In einer Beziehung ist absolute Gemeinsamkeit angesagt. Er hatte bisher immer Spaß am Inlineskaten, Sie haben aber eine Knieoperation hinter sich? Pech für ihn. Sein bester Freund ist ein totaler Macho und hat in Ihren Augen einen schlechten Einfluss auf Ihren Göttergatten? Dann muss er eben ab jetzt im Namen der Liebe auf ihn verzichten. Auch Herrenabende mit feuchtfröhlichen

Pokerrunden gehören nun der Vergangenheit an. Schließlich kann er auch mit Ihnen Karten spielen. Sie sehen sich leidenschaftlich gern Sendungen wie *Das Traumschiff* im Fernsehen an, am liebsten mit ihm im Arm? Tja, dann muss er einfach in den sauren Apfel beißen.

Treten Sie nur noch als Paar auf, damit jeder sieht, wie glücklich Sie sind. Am besten kleiden Sie sich als äußeres Zeichen Ihrer Verbundenheit im Partnerlook, Sie im karierten Rock und er im dazu passenden Hemd. Hören Sie nicht auf Freundinnen, die Ihnen besorgt raten, Sie sollten sich einen Rest an Autonomie bewahren. Die sind doch nur neidisch!

Sprechen Sie nicht mehr von sich als Einzelperson, WIR ist jetzt das Zauberwort. WIR fahren im Urlaub nach Griechenland. WIR kaufen uns ein neues Auto. WIR gehen jetzt ins Fitnessstudio. WIR joggen miteinander. WIR haben ein Theaterabonnement. WIR wollen uns ein Haus kaufen. Ist das nicht schön? Bestehen Sie auch unbedingt auf ein gemeinsames Konto. Keiner von Ihnen beiden sollte jetzt noch eigenes Geld haben, ganz nach dem Motto: Was dein ist, sei auch mein! Der angenehme Nebeneffekt: Sie können so auch besser seine Ausgaben kontrollieren und sofort gegensteuern, wenn er über die Stränge schlägt.

Machen Sie keinen Schritt mehr ohne Ihre bessere Hälfte. Er ist jetzt Ihr absoluter Lebensmittelpunkt, Ihre einzige Zapfsäule für Nähe, Geborgenheit, Sicherheit und Glück. Bauen Sie Schritt für Schritt alle anderen sozialen Kontakte ab. Was brauchen Sie jetzt noch Freunde und Freundinnen, wo Sie doch ihn haben? Und mit ihm zusammen machen Unternehmungen einfach am meisten Spaß! Außerdem kann er dann nicht in fremden Gefilden wildern, wenn Sie stets an seiner Seite sind. Betrachten Sie Ihren Partner als Ihr Eigentum, das trägt meiner therapeutischen Erfahrung nach immens zur Steigerung der Scheidungsquote bei. Suchen Sie gemeinsame Hobbys für

sich und Ihren Liebsten. Er geht gerne angeln? Dann setzen Sie sich geduldig und aufopferungsvoll neben ihn ans Ufer und sehen ihm zu. Sie wollten schon immer einen Tanzkurs machen? Natürlich muss er mit. Es kann ja nicht in seinem Interesse sein, dass Sie in den Armen eines anderen liegen. Entscheiden Sie sich auch gemeinsam für das Fernsehprogramm. Er begeistert sich für Formel 1? Selbstverständlich sind Sie an seiner Seite und öffnen ihm das Bier. Handeln Sie stets nach dem Motto: Wo du bist, da will auch ich sein. Dein Wille sei jetzt auch mein Wille.

Es ist doch schon schmerzlich genug, dass Sie beruflich bedingt den ganzen Tag voneinander getrennt sind. Rufen Sie ihn deshalb mehrmals täglich im Büro oder auf dem Handy an, um ihm zu sagen, wie sehr Sie ihn vermissen. Beschreiben Sie ihm ausführlich, was Sie gerade tun, so unbedeutend es auch sein mag. Bombardieren Sie ihn mit nichtssagenden SMS, und schreiben Sie ihm, was Sie gerade denken und fühlen, wie Ihr Stuhlgang war und dass die Katze mal wieder nicht gefressen hat. Schließlich will er bestimmt über alles auf dem Laufenden gehalten werden, was mit Ihnen zu tun hat.

Sollte Ihr Partner nach der ersten Verliebtheit zunehmend mehr ausbüchsen wollen und zaghaft auf seine Eigenständigkeit pochen, so ist eines sonnenklar: Er ist *gegen* Sie. Er liebt Sie nicht mehr. Das ist der Anfang vom Ende. Machen sie ihm sofort ein schlechtes Gewissen: »Wenn du mich wirklich liebst, dann willst du *immer* mit mir zusammen sein. In einer guten Beziehung erzählt man sich *alles* und bezieht den anderen in *alle* Entscheidungen mit ein.« Alleingänge seinerseits darf es nicht mehr geben. Schließlich wollen Sie einen echten Partner und keinen verkappten Single an Ihrer Seite. Seien Sie eine Pythonschlange und schnüren Sie ihm so richtig die Luft ab. Ihr Partner braucht keinen Sauerstoff, er braucht Sie! Sie ahnen sicherlich schon, dass Ihre Beziehung mit dieser un-

schlagbaren Klammerstrategie die Verliebtheitsphase nicht lange überdauern wird.

Für dich tu ich doch alles!

Die Klammerstrategie lässt sich auch verfeinern: Sie opfern sich auf, und damit Ihre Beziehung. Ihr Partner wünscht sich jemanden, der eigene Konturen hat, mit dem man sich auch reiben kann? Er will Sie als eigenständige Persönlichkeit mit eigener Meinung erleben? Dann ist die folgende Strategie genau richtig, um ihn in die Flucht zu schlagen.

Für Sie gibt es ab jetzt nichts Schöneres, als ihrem Liebsten jeden Wunsch von den Lippen abzulesen. Besser noch: Sie lesen seine Gedanken. Er muss sie gar nicht formulieren, sondern kann sich einfach ins gemachte Nest fallen lassen. Sie sitzen zusammen auf der Couch. Er sagt: »Es zieht!« Schon springen Sie auf und schließen das Fenster. Er will wissen: »Ist die Zeitung schon da?« Natürlich rennen Sie zum Briefkasten, um nachzusehen. Damit zeigen Sie Ihrem Partner deutlich, dass Sie unentbehrlich für ihn sind.

Denken Sie stets für ihn mit. Er hat doch mittwochs einen Termin beim Zahnarzt? Selbstverständlich erinnern Sie ihn daran, oder noch besser: Sie begleiten ihn. Sein Geburtstag steht vor der Tür? Da will er doch sicher mit den Kollegen in der Arbeit feiern. Natürlich besorgen Sie Sekt und Häppchen. So züchten Sie heimlich, still und leise einen immer unselbstständiger werdenen Jungen heran, über den Sie sich später bitterlich beklagen können.

Stellen Sie Ihre eigenen Wünsche und Bedürfnisse komplett zurück. Sie selbst gibt es gar nicht mehr. Ihr größtes Glück ist es von nun an, Ihren Partner glücklich zu machen. Er liest Ihnen aus der Zeitung die Rezension eines neuen Buchs vor, und

schwupps haben Sie es schon für ihn besorgt. Er stöhnt über seine Rückenschmerzen. Selbstverständlich kneten Sie ihn hingebungsvoll eine Stunde lang. Er hat sich auffallend oft geräuspert und sogar gehustet – schon sind Schal und Kamillendampfbad bereitgestellt. Er würde gern zum Konzert der Rolling Stones gehen, und Sie setzen natürlich Himmel und Hölle in Bewegung, um Karten zu ergattern. Seine Freunde sollen ihn beneiden um die wunderbare, pflegeleichte Frau an seiner Seite! Was für ein Goldstück! Sie nörgelt nicht, sie jammert nicht und kocht ihm ungefragt sein Lieblingsessen. Er weiß gar nicht, wie er sich so eine Perle verdient hat.

Apropos: Männer lieben gutes Essen. Also legen Sie sich beim Kochen ins Zeug. Anregungen für exquisite Küche gibt es ja in diversen TV-Shows und in Unmengen von Kochbüchern zur Genüge. Natürlich muss er auf die Minute pünktlich erscheinen, damit das Soufflé nicht wieder zusammenfällt. Mit gemeinsamen Essensritualen lässt sich wunderbar Kontrolle ausüben. Herumstreunen nach der Arbeit kommt gar nicht infrage, denn zu Hause schmeckt's immer noch am besten. Vor allem, wenn Ihr Mann sich mittags mit Kantinenfraß quälen muss. Erzählen Sie ihm bei Tisch ausführlich, wie Sie sich die Hacken abgelaufen haben, um alle Zutaten zu beschaffen. Anschließend standen Sie geschlagene zwei Stunden in der Küche, um ihm das Lieblingsessen zu zaubern. Da kann er jetzt nicht das Ganze in fünf Minuten herunterschlingen und dazu auch noch die Zeitung lesen! Sollte es dennoch vorkommen, so leiden Sie still vor sich hin. Stellen Sie ihm bei jedem Gang die Frage, wie es ihm geschmeckt hat. Klagen Sie auf keinen Fall Lob offen ein, aber lassen Sie ihn Ihre Enttäuschung deutlich spüren, wenn er die feinen Nuancen Ihres Menüs nicht zu würdigen weiß.

Darüber hinaus sind Männer bekanntlich Gesundheitsmuffel. Sie bringen lieber ihr Auto zum TÜV als selbst zum

Arzt zu gehen. Da ein Indianer keinen Schmerz kennt, müssen Sie seine Wehwehchen umso ernster nehmen und Arzttermine für ihn vereinbaren. Garantieren Sie für Ihren Göttergatten eine Rund-um-die-Uhr-Versorgung, wenn er mit einer Erkältung im Bett liegt. Und falls Ihr Liebster Jahresringe um seine Mitte gesammelt hat, stellen Sie mit ihm gemeinsam einen Diätplan auf. Sie sind einfach besorgt um seine Gesundheit. Deshalb bekommt er kein Wiener Schnitzel und keinen Schweinebraten mehr, Sie kredenzen ihm Tofubratlinge und gedämpftes Gemüse. Und wehe, er vergreift sich an Bier und Chips! Er darf nur noch Karotten knabbern und literweise Wasser trinken. Sorgen Sie für ihn rund um die Uhr! Sie wollen nur sein Bestes, das muss er doch verstehen – und eigentlich sollte er Ihnen dankbar dafür sein. Spätestens, wenn er missmutig an seinen Salatblättern kaut und den Teller von sich schiebt, wissen Sie, dass Sie auf dem richtigen Weg sind.

Selbstverständlich führen Sie ihn mit zarter Hand und sind stets einer Meinung mit ihm. Sie bilden sozusagen eine Einheit mit ihm. Geben Sie um Himmels Willen keine Widerworte! Er muss sich voll und ganz auf Ihre Solidarität verlassen können. Sie entschuldigen jeden seiner Fehler. »Ach, Schatz, ich weiß ja, dass du Wichtigeres zu tun hast, als an meinen Geburtstag zu denken.« Es ist doch allgemein bekannt: Männer – vor allem diejenigen älteren Semesters – mögen keine Emanzen! Schlucken Sie also Ihre eigene Meinung tapfer hinunter, bis sich Ihre vornehme Zurückhaltung zu einer ordentlichen Depression auswächst. Nach diesen Vorbereitungen geben Sie Ihrer bereits angeschlagenen Beziehung den Rest: Spätestens jetzt können Sie ihn dafür verantwortlich machen, dass es Ihnen so schlecht geht. Was haben Sie nicht alles für ihn getan! Sie haben ihm den Rücken gestärkt, seine Kinder erzogen und Ihre wertvolle Zeit seinen Karriereplänen geop-

fert! Und nun, wo Sie ihn so dringend brauchen, ist er nicht für Sie da. Seinetwegen (und bei Bedarf zur dramatischen Steigerung: wegen der Kinder) konnten Sie sich nicht entfalten, obwohl Sie doch eigentlich zur Künstlerin geboren sind! Machen Sie ihm mit Leidensbittermiene und tränenerstickter Stimme Vorwürfe. Ach, ach, ach, das Leben ist so ungerecht! Die Kombination aus Aufopferung und Jammern schlägt jeden Mann in die Flucht.

Während Sie immer mehr zum Gutmenschen mutieren, so geschieht ganz von selbst etwas Magisches: Ihr Partner wird unbewusst den Part des Bösen übernehmen. Das nennt man systemischen Ausgleich. In einem System (Familie) ist kein Platz für zwei Florence Nightingales. Lassen Sie ihn also stellvertretend für Sie aggressiv werden. So sind Sie die Gute, Edle, die leidet, und er ist der fiese Egoist, der nur an sich denkt. Sie sind die moralisch Überlegene. Doch welche Folgen hat dies für Ihre Partnerschaft?

Bert Hellinger, der bekannt wurde durch seine Familienaufstellungen, hat es so formuliert: Wer sich zu gut ist, böse zu sein, zerstört die Beziehung. Seiner Meinung nach muss es einen Ausgleich im Guten wie im Bösen geben. Sind Sie immer nur die Verständnisvolle, Gute, so wird sich Ihr Partner über kurz oder lang völlig zurückziehen oder Reißaus nehmen, denn kein Mensch hält es auf Dauer aus, neben einer Trauerweide oder einer Heiligen zu leben. Der Partner eines Opferlammes hat ein permanent schlechtes Gewissen, denn an die heroische Selbstaufgabe des anderen wird er nie heranreichen. Was auch immer er tut, das Opferlamm ist ihm einen Schritt voraus. Und da kein Mensch gerne Schuldgefühle hat, wehrt er sie in der Regel mit Aggressionen ab. Wundern Sie sich also nicht, wenn Ihr Partner immer mürrischer und gereizter wird, was Sie wiederum noch mehr in die Opferrolle treibt. Ein wunderbares Zusammenspiel von Mustern! Ver-

graulen Sie ihn, indem Sie unerträglich und ununterbrochen »gut« sind. Niemand will auf Dauer neben einer Mutter Teresa leben und sich selbst ständig mies fühlen.

Mamas Liebling wird erwachsen

Bisher stand Ihr eigenes Verhalten im Vordergrund, aber auch das Benehmen Ihres Partners ist eine unerschöpfliche Quelle für Trennungswillige:

Manchmal haben Mütter in der Erziehung ihrer Söhne deutliche Lücken hinterlassen. Sie waren zu nachsichtig, haben ihrem Sohn jeden Wunsch von den Lippen abgelesen, und nun dürfen Sie sich mit den Defiziten des erwachsenen Mannes herumschlagen. So mancher Mann verhält sich auch in fortgeschrittenem Alter wie ein verzogenes Kind und weiß weder, wie man ein Spiegelei brät, noch, wo seine Wäsche im Schrank liegt. Diese Unarten sollten Sie ihm schleunigst austreiben. Gute Erziehung ist das halbe Leben. Auch ein Mann, der bereits die Pubertät hinter sich hat, ist noch formbar. Die Erziehung eines älteren Mannes ist vergleichbar mit der eines störrischen Esels: nicht einfach, aber eine echte Herausforderung. Seine Eigenheiten sollten Sie auf keinen Fall noch länger akzeptieren. Schließlich heißt es nicht umsonst »Be-Ziehung« – also ziehen Sie kräftig!

Nancy Winters vergleicht in ihrem Buch *Wie erziehe ich meinen Mann** die Erziehung eines Mannes mit der eines Hundes. Der Mann, so schreibt sie, ist so sehr an Zucht gewöhnt – durch die Mutter, das Militär oder das Fitnessstudio –, dass er regelrecht erwartet, auch von seiner Frau dressiert zu werden: »Der

---

* Nancy Winters: *Wie erziehe ich meinen Mann*. Verlag Egmont 2003, S. 14 f.

dressierte Mann ist ein glücklicher Mann. (...) Sobald er zum Beispiel gelernt hat, bei Fuß zu gehen, wird er diesem Befehl (zumindest über einen gewissen Zeitraum) auch Folge leisten und der Versuchung widerstehen, mit Ihrer Freundin herumzuknutschen, auszureißen oder sich am Strand in toten Fischen zu wälzen ...« Zähmen Sie also die animalischen Instinkte Ihres Partners. Lenken Sie seinen Hang zum Streunen in die richtigen Bahnen.

Männer lieben das Ursprüngliche. Sie sind der Meinung, ein richtiger Mann müsse nach Schweiß riechen, beim Essen rülpsen und schmatzen, in der Öffentlichkeit in der Nase bohren, auf Klobrillen pinkeln oder bei Spaziergängen das Revier markieren. Lassen Sie ihm das auf keinen Fall durchgehen! Bringen Sie Ihre Abscheu deutlich zum Ausdruck und weisen Sie ihn sofort zurecht: »Pfui Teufel, was bist du nur für ein Prolet!« Nutzen Sie das Punktesystem aus dem nächsten Kapitel. Vergleichen Sie ihn mit bereits domestizierten Männern nach dem Motto: »Nimm dir ein Beispiel an Anton! Der setzt sich zum Pinkeln hin!« Zwingen Sie ihn, mindestens zweimal täglich zu duschen. Kaufen Sie ihm Deos und Parfums und wenden Sie sich kompromisslos widerwillig ab, wenn er sie nicht benutzt. Ansonsten: Verweigern Sie den Sex mit diesem Rohling! Das wirkt immer. Bringen Sie ihm außerdem Tischmanieren bei. Schließlich wollen Sie sich nicht mit einem schmatzenden und sabbernden Neandertaler in einem Restaurant blamieren. Wenn er zeigen will, dass es ihm schmeckt, dann soll er sich gefälligst anerkennend äußern und nicht in Windeseile mit dem Löffel haufenweise Essen in sich hineinschaufeln.

Männer brauchen in der Regel auch Nachhilfe in ihrer Kleiderwahl. Für gewöhnlich sind sie zufrieden mit zwei Hosen, drei Hemden und ein paar T-Shirts. Sie haben kein Problem damit, wenn die Hosen Flecken haben und ausgebeult sind

oder der Pulli verfilzt ist. Entmüllen Sie radikal seinen Kleiderschrank, auch wenn er heftig protestiert: »Was, den Sakko hat mein Großvater schon getragen, der ist doch noch pfennig-gut!« Machen Sie ihm klar, dass Sie sich auf keinen Fall mit ihm in der Öffentlichkeit zeigen werden, wenn er sich in dieses Erbstück zwängt. Auch die Farbzusammenstellung lässt bei Männern häufig zu wünschen übrig. Frauen dagegen sind Meisterinnen der Ästhetik. Rücken Sie ihm in der Öffentlichkeit die Krawatte zurecht, stecken Sie das heraushängende Hemd in die Hose zurück und klopfen Sie seine Schuppen vom Kragen, auch wenn er sich anfänglich dagegen wehrt (oder vielleicht auch gar keine vorhanden sind). Und schenken Sie Ihrer Schwiegermutter keinen Glauben, wenn sie nachsichtig sagt: »Mein Gott, er ist halt so!«

Die meisten Männer hassen es, shoppen zu gehen. Deshalb müssen Sie noch längst nicht darauf verzichten, vor allem, wenn es darum geht, seine Garderobe aufzupeppen. Gehen Sie ausgiebig mit ihm einkaufen und schleppen Sie Stück um Stück zu ihm in die Umkleidekabine, auch wenn er ächzt und stöhnt. Es wird ihm garantiert peinlich sein, wenn seine Freunde hinter vorgehaltener Hand lachen, weil Sie ihn zum Kleiderständer umfunktioniert haben. Kurzum, machen Sie aus einem Höhlenmenschen einen zivilisierten Mann. Staffieren Sie ihn mit Kleidung aus, die er von sich aus garantiert nie kaufen würde, so dass er sich so richtig unwohl fühlt. Das wird er Sie garantiert spüren lassen und ehe Sie's sich versehen, sind Sie in der dicksten Auseinandersetzung. Außerdem fallen Männer gerne in alte Gewohnheiten zurück, kaum dass man ihnen den Rücken kehrt. Sie fühlen sich einfach in ihren alten Klamotten am wohlsten. So wird der Streit über sein Äußeres oder sein Benehmen zu einem Dauerbrenner und trägt entscheidend dazu bei, dass Ihr Partner irgendwann die Flucht ergreift.

Das Punktesystem

Sie können die Erziehung Ihres Mannes vorantreiben, indem Sie nach einem Punktesystem vorgehen. Dieses sollte gut sichtbar an einer Wand hängen, so dass er Ihre Vorlieben und Abneigungen stets schwarz auf weiß vor Augen hat. Die Belohnung sollte aus psychologischen Gründen unmittelbar nach dem gezeigten Verhalten erfolgen. Tut er etwas, das Sie mögen, gibt es dafür Pluspunkte. Tut er etwas, das Sie nicht mögen, gibt es Minuspunkte. Tut er etwas, das für Sie selbstverständlich ist, gibt's gar keine Punkte. Und vieles ist selbstverständlich! Zu beachten ist auch, dass positive Punkte nach einer Woche wieder verfallen, negative Punkte verjähren jedoch nie!

Hier nun der Leitfaden für das Punktesystem, das Sie selbstverständlich gerne ergänzen können.

Ihr Fahrrad ist kaputt ...
Er verspricht, es am nächsten Tag zu reparieren. – 10
Er repariert es. 0
Er repariert es im Wohnzimmer auf Ihrem Perserteppich. – 40

Er hat gekocht. 0
Es gibt Tütensuppe. – 10
Das Essen stammt von Chinesen, aber er tut so, als habe er gekocht. – 20
Er setzt sich danach auf die Couch, während Sie die Küche aufräumen müssen. – 50

Ihnen wird auf der Straße Ihre Lieblingshandtasche geklaut ...

Er rennt dem Dieb hinterher. 0
Er holt ihn ein, stellt ihn und bringt Ihnen die Handtasche zurück. + 30
Er tut gar nichts und fragt: »Wozu sind wir versichert?« – 80

Sie haben Jahrestag ...
Er führt Sie zum Essen aus. 0
Er geht mit Ihnen ins Theater. + 5
Er lädt Sie in ein Konzert ein. + 10
Es ist seine Lieblings-Heavy-Metall-Band. – 40

Die Urlaubsplanung steht an ...
Er beteiligt sich in keinster Weise. – 20
Er macht den Vorschlag, doch wieder an den gleichen Ort wie im Vorjahr zu verreisen. 0
Er überrascht Sie mit zwei Tickets in die Karibik. + 30
Er bucht für Sie beide eine Last-minute-Reise nach Mallorca zum Ballermann. – 100

Sie machen eine gemeinsame Busreise ...
Er unterhält sich sehr oft angeregt mit dem Reiseleiter. – 1
Der Reiseleiter heißt Uschi. – 5
Uschi ist blond und 22. – 20

Sie schauen gemeinsam fern ...
Einen Rosamunde-Pilcher-Film 0
Zum fünften Mal *Pretty Woman* + 5
Die Rückkehr der Killertomaten – 50

Er hat einen deutlichen Bauchansatz und sein Haar beginnt sich zu lichten. – 20
Er trägt ab jetzt immer einen Hut. – 30

Er lässt sich ein Toupet anfertigen und geht ins Fitnessstudio. + 1
Er sagt, er gleiche sich optisch lediglich Ihnen an. – 500

Sie fragen: »Findest du mich dick?«
Er sagt: »Aber nein, Liebling!« 0
Er sagt: »Verglichen mit wem?« – 10
Er zögert mit der Antwort. – 20
Jede andere Antwort. – 50

Er fängt von sich aus ein Gespräch an. + 5
Er legt die Zeitung weg und hört Ihnen zu. 0
Er hört Ihnen zu, während er die Börsennachrichten verfolgt. – 100
Er schnarcht nach kurzer Zeit selig. – 400

Er kuschelt stundenlang mit Ihnen. 0
Er sagt die Zauberworte. + 5
Es gibt kein Vorspiel. – 20
Er fragt danach: »Wie war ich?« – 100

Er geht auf die Toilette und pinkelt im Sitzen. + 1
Er wäscht sich anschließend die Hände. 0
Er pinkelt im Stehen und wischt hinterher die Klobrille ab. 0
Er pinkelt im Stehen und das sieht man danach auch. – 60

Sie sitzen am Steuer ...
Er lehnt sich ruhig und entspannt neben Ihnen zurück. 0
Er trommelt nervös mit den Fingern auf das Armaturenbrett. – 10
Er schreit: »Jetzt gib doch endlich Gas!« – 20

Nörgeln nach Herzenslust

Nörgeln ist *das* weibliche Beziehungszerrüttungsinstrument schlechthin. Und da der Mann an sich ein fehlerhaftes Wesen ist, gibt es Gelegenheiten zum Meckern in Hülle und Fülle. Zunächst können Sie durchaus nonverbal vorgehen. Verdrehen Sie schon morgens die Augen gekonnt gen Himmel, begleitet von einem resignierten Seufzer, wenn er wieder einmal die Zahnpastatube offen lässt. Rempeln Sie ihn mit Ihrem spitzen Ellbogen in die Seite, wenn seine gebrauchte Unterwäsche am Boden herumliegt. Sollte das nichts nutzen, müssen Sie zu wirksameren Mitteln greifen.

Wählen sie zunächst einmal die richtige Tonlage. Schrille, hohe Töne, die durch Mark und Bein gehen, sind besonders gut dazu geeignet, das männliche, häufig taub gewordene Gehörorgan aufzuwecken. Kreischen Sie laut, wenn er mit Ölflecken auf dem teuren Pulli, den Sie ihm zum Geburtstag geschenkt haben, aus der Garage kommt. Verfallen Sie in einen anhaltenden Heulkrampf, wenn er beim Rasenmähen Ihre Lieblingsrosen umsäbelt. Sparen Sie nicht mit heftigen Vorwürfen: »Das ist so typisch für dich! Kannst du nicht aufpassen?« Werden Sie zur Sirene, wenn er den Duschvorhang nicht richtig zuzieht und sich das Wasser auf dem Badezimmerboden ausbreitet.

Manche Männer sind allerdings erstaunlich resistent gegen Dauergequengel. Sie klappen einfach ihre Ohrenschützer herunter oder schalten auf Durchzug. Bauen Sie sich deshalb drohend vor Ihrem Göttergatten auf, damit er Sie nicht übersehen kann. Lassen Sie Ihre Augen eiskalt blitzen und stemmen Sie die Hände energisch in die Hüften, wenn er zu nächtlicher Stunde vor dem Fernseher sitzt und sich die lächerliche 0900er Werbung »Ruf mich an, ruf mich an, hauch, stöhn ...« anschaut. Jetzt schlagen Sie zu. »Mein Gott, was bist du primi-

tiv!« Machen Sie ihm ordentlich Schuldgefühle. »Du bist einfach ekelhaft! Diese Gier nach Frischfleisch ist würdelos!« Liefern Sie ihm eine Szene, die er nie mehr vergessen wird.

Falls er übersieht, dass Sie bereits seit Tagen mit einer neuen Frisur herumlaufen, verleihen Sie Ihrem Unmut lautstark Ausdruck: »Du bist so ein unsensibler Klotz! *Nie* machst du mir ein Kompliment! Du siehst überhaupt nicht, was um dich herum vorgeht!«

Immer und *nie* sind die Zauberworte im partnerschaftlichen Zerstörungsspiel. Deshalb: Generalisieren Sie, was das Zeug hält. »*Immer* denkst du nur an dich! *Nie* bringst du mir mal spontan Blumen mit!« Sollte er daraufhin mit einem Blumenstrauß vor der Tür stehen, können Sie selbstverständlich sofort mit dem Vorwurf kommen: »Das machst du doch nur, weil ich es dir gesagt habe! Von selbst wärst du sicher *nie* auf die Idee gekommen!«

Seien Sie einfallsreich in Ihrem Nörgeln. Aber eines muss jedenfalls deutlich werden: Egal, was er tut, er kann es Ihnen einfach nicht recht machen!

Nutzen Sie zum Meckern Ihre PMS. Jeder Mann hat schon mal irgendwo gelesen oder gehört, dass Frauen mindestens eine Woche, bevor sie ihre Tage bekommen, nicht ganz zurechnungsfähig sind. Nutzen Sie diese Tatsache und toben Sie sich in dieser Zeit munter aus. Jetzt haben Sie die offizielle Legitimation, launisch zu sein und sich gehen zu lassen. Schließlich sind nicht Sie, sondern Ihre Hormone schuld. Lassen Sie Ihren Gefühlen freien Lauf. Mal sind Sie tieftraurig, dann lachen Sie fröhlich, plötzlich überfällt Sie die Hysterie, mal wollen Sie ganz fest in den Arm genommen werden, dann wiederum können Sie seine Nähe nicht ertragen ... Werfen Sie ihm Ihren Seelenmüll vor die Füße – soll er ihn doch entsorgen.

Worte sind wirksame Waffen im Geschlechterkampf. Gezielt eingesetzt wirken sie wie der Biss einer Tarantel – näm-

lich tödlich. Jammern Sie, was das Zeug hält. »Warum gerate ich immer an so Typen wie dich?« Dieser Satz macht ihm auf der Stelle ein schlechtes Gewissen, wodurch er erpressbar wird. Sie, und nur Sie, wissen, wie wahre Liebe aussieht. »Wenn du mich wirklich lieben würdest, dann wärst du ganz anders!« Lassen Sie ihn allerdings darüber im Unklaren, was dieses »anders« bedeutet.

Kritik kann sich aber durchaus auch leiser Töne bedienen und eine völlig andere Strategie nötig machen. Er wird nie verstehen, was Sie wirklich brauchen, und so leiden Sie still vor sich hin. Sie haben resigniert, denn er kann sich einfach nicht in eine Frau einfühlen. Demonstrativ schlucken Sie Ihren Zorn hinunter und spielen das Opferlamm. Und wie wir alle wissen, hat der Schwächere die Macht. Auch bei einer Bergtour bestimmt der Langsamere das Tempo. Und wer weniger Lust zeigt, kontrolliert die Häufigkeit des Beischlafs.

Was auf keinen Fall in Ihrem Repertoire an beziehungsschädigenden Methoden fehlen darf, ist die Kritik in der Öffentlichkeit. Grillfeste, Geburtstagsfeiern und Partys bieten eine wunderbare Möglichkeit, Ihren Freunden klarzumachen, was für einen blamablen Versager Sie zu Hause sitzen haben. Wenn die Kinder nicht wären, hätten Sie sich schon längst von ihm getrennt.

Dieser doofe Langweiler, der nur vor dem Fernseher und dem Computer abhängt! Dieser miserable Vater, der keine Ahnung davon hat, was in seinen Kindern vorgeht! Dieser feige Loser, der nicht Manns genug ist, seinem Chef die Meinung zu sagen! Er schafft es nicht mal, seiner Familie zu einem vernünftigen Eigenheim zu verhelfen. Diese lächerliche Montagsproduktion! Sie verstehen überhaupt nicht, wie Sie es so viele Jahre mit ihm aushalten konnten. Sie müssen wahrhaft blind gewesen sein, als Sie sich damals in ihn verliebt haben. Und das sollten auch alle wissen.

Ein Vorteil der öffentlichen Demontage ist, dass er sich hüten wird, Ihnen zu widersprechen, um die Harmonie zu wahren und nicht ganz das Gesicht zu verlieren. Sorgen Sie dafür, dass Sie immer Freundinnen an Ihrer Seite haben, denen es mit ihren Partnern genauso geht, und lästern Sie gemeinsam vor den Männern. Sparen Sie nicht mit intimen Details. Das trifft Männer an ihrer empfindsamsten Stelle. Lachen Sie gemeinsam darüber, dass er nach all den Jahren Ihren BH immer noch nicht mit einer Hand öffnen kann. Posaunen Sie lauthals heraus, was für ein stümperhafter Liebhaber er ist, dass er von einem anregenden Vorspiel keine Ahnung hat und ständig zu früh kommt. Verkünden Sie öffentlich, dass er Viagra wie Smarties einwirft. Lachen Sie herzhaft mit Ihren Freundinnen über seine Unzulänglichkeiten, das verletzt Ihren Partner für immer und ewig.

Männer kommen und gehen, Freundinnen bleiben. Und gute Freundinnen haben keine Geheimnisse voreinander. Deshalb ist es selbstverständlich, dass Sie mit Ihren Freundinnen lautstark über intime Details sprechen.

Vertrauen Sie Ihren Freundinnen Dinge an, die Sie Ihrem Mann nie sagen würden, weil er sie ohnehin nicht versteht, sorgen Sie dabei aber dafür, dass er alles mitbekommt. Jammern Sie nach Herzenslust, stellen Sie in bloß. Frauen haben immer einen guten Rat. Deshalb sind auch stundenlange Telefonate am Abend selbstverständlich. Lachen Sie verschwörerisch, wenn Ihr Mann sie fragenden Blickes anschaut, damit er sich auch so richtig ausgeschlossen fühlt. Machen Sie keinen Hehl daraus, dass Ihre Freundinnen für Sie das Wichtigste im Leben sind. Schließlich kennen Sie sich schon aus dem Sandkasten. Männer sind einfach nur nettes Beiwerk, nicht mehr, nicht weniger. Lassen Sie ihn täglich spüren, wo Ihre Prioritäten liegen. Das garantiert Ihnen entweder einen Dauerkrach im Haus oder den völligen Rückzug Ihres Partners. Und es

treibt ihn auf Dauer in die Arme einer anderen Frau, die sich dann mit ihm herumplagen muss.

Zickenkrieg

Männer mögen ausgeglichene Frauen, die auch in schwierigen Situationen einen kühlen Kopf bewahren. Um also Ihre Beziehung gründlich zu zerstören, müssen Sie eine ausgeklügelte Strategie einsetzen: den Zickenkrieg. Zicken übertreffen eine hin und wieder nörgelnde Frau um ein Vielfaches. Ihre Hysterie ist allgemein bekannt. Sie sind äußerst leicht reizbar und schon bei Kleinigkeiten empört. Ihre Arroganz schützt ihr verletzliches Inneres. Das kleine Stupsnäschen ragt frech gen Himmel, Zicken wissen alles besser. Ihre größte Sorge ist, dass ihre Fingernägel abbrechen könnten. Wenn das passiert, bekommen Sie einen Heulkrampf. Ständig sind sie am Meckern und stören sich an den kleinsten Kleinigkeiten. Was, die Suppe beim Italiener ist nicht siedend heiß? Welch eine Zumutung! Du hast mir die Tür nicht aufgehalten? So eine Frechheit!

Zickige Frauen verhalten sich wie kleine, verzogene Mädchen, die ständig Aufmerksamkeit brauchen. Kurz gesagt: Zicken gehen Männern auf die Nerven. Werden Sie also zur Zicke und fordern Sie von Ihrem Partner uneingeschränkte Zuwendung, emotional und materiell. Er soll Sie auf Händen tragen und auf Rosen betten. Der Scheinwerfer seiner Aufmerksamkeit muss ständig über Ihnen schweifen. Er soll Ihnen geben, was Sie von Papa nicht bekommen haben: ZUUUUUUWENDUNG! Und wehe, wenn er übersieht, dass Sie beim Friseur waren oder neue Schuhe tragen! Dann machen Sie ihm eine Szene, die einen Eintrag ins Guinness Buch der Rekorde wert wäre.

Der Herrgott hat den Frauen den Schmollmund gegeben, warum sollten sie ihn nicht nach Lust und Laune einsetzen? Zicken nutzen das Beleidigtsein als wunderbares Folterwerkzeug. Dieses ist umso wirkungsvoller, wenn Sie Ihrem Partner nicht erklären, warum Sie beleidigt sind. Lassen Sie ihn leiden, stundenlang, wenn es sein muss tagelang. Schauen Sie durch ihren Mann hindurch, wenn er an Ihnen vorübergeht. Lassen Sie in seinem Beisein verstohlen eine Träne über Ihre Wange kullern und nehmen Sie auf keinen Fall das Taschentuch, das er Ihnen reicht. Schmoren soll er, büßen für das, was er Ihnen angetan hat! Sollte er Sie fragen, was denn los ist, so antworten Sie einfach: »Das weißt du nicht? Dann kann ich dir auch nicht helfen!« Geben Sie ihm zu verstehen: Wenn er nicht spürt, was los ist, dann ist Hopfen und Malz verloren. Wer liebt, weiß einfach, was mit dem anderen los ist. Und wenn er es nicht weiß, dann liebt er Sie nicht wirklich. Setzen Sie voraus, dass er Ihre Gedanken lesen kann.

Wenn Sie diese höchst effektive Strategie lange genug verfolgen, quält sich ihr Partner sicher mit Schuldgefühlen oder wird zornig. Sollte Letzteres der Fall sein, so drehen Sie noch mehr auf. Schließen Sie sich im Schlafzimmer ein und schluchzen Sie laut hörbar ins Kopfkissen. Telefonieren Sie leise flüsternd stundenlang mit Ihrer besten Freundin und klagen Sie ihr Ihr Leid. Oder gehen Sie einfach aus dem Haus und lassen Sie ihn im Ungewissen, ob und wann Sie zurückkommen. Zwingen Sie ihn nonverbal zu einem Schuldeingeständnis, aber seien Sie äußerst zögerlich, wenn er Ihnen Friedensangebote unterbreitet. Eine Versöhnung hat ihren Preis. Spielen Sie das Dornröschen und machen Sie ihm klar, dass er als Prinz sich mühsam durch die Hecke kämpfen muss. Da die meisten Männer keine Prinzen sind und die Hecke oft sehr stachelig ist, werden sie schnell aufgeben.

Bettgeflüster

Ein gesunder Schlaf sorgt für Ausgeglichenheit und Wohlbefinden. Deshalb: Rauben Sie Ihrem Mann seine wohlverdiente Nachtruhe und zermürben Sie ihn. Das ist ganz einfach, wenn Sie folgende Ratschläge beherzigen:

Frauen haben häufig kalte Füße. Doch wozu brauchen Sie eine kleine Extra-Wärmflasche, wenn Sie eine große neben sich im Bett haben? Warten Sie geduldig, bis Ihr Partner am Wegnicken ist, und schieben Sie dann Ihre eiskalten Füße zwischen seine Oberschenkel. Ignorieren Sie seinen Entsetzensschrei und saugen Sie konsequent seine wohlige Körperwärme ab. Er ist als Ihr Partner dazu verpflichtet, Ihre Eiszapfenfüße aufzutauen. Sollte er die Situation ausnutzen und sich in die Löffelstellung begeben, machen Sie ihm unmissverständlich klar, dass Sie die Bettdecke für sich brauchen. Boxen Sie ihn in die empfindliche Magengrube mit der Bemerkung: »Sei nicht kindisch! Ich bin nicht deine Mama!«

Des Weiteren sollten Sie auf keinen Fall dulden, dass Ihr Schönheitsschlaf durch sein lästiges Schnarchen gestört wird. Halten Sie ihm die Nase zu, bis er nach Luft japst. Bleiben Sie hartnäckig, bis er freiwillig das Bett räumt. Falls er nicht glaubt, dass er schnarcht – Männer sind Meister im Verleugnen –, nehmen Sie sein Schnarchen auf und spielen Sie ihm die Aufnahme am nächsten Tag vor. Falls er wirklich nicht schnarcht, machen Sie das Geräusch einfach selbst nach und nehmen es auf.

Sie können Ihren Partner auch mit einer nächtlichen Mückenjagd auf Trab halten. Kaum ist das Licht gelöscht, flüstern Sie ihm ins Ohr: »Hör mal ...« »Was denn?« » Es surrt so in meinem Ohr!« »Hast Du Ohrensausen?« »Neeiiiin! Wir haben eine Mücke im Schlafzimmer! Ich kann nicht schlafen, solange dieser Blutsauger nicht tot ist! Tuuuuu was!« Sollte das seinen

Beschützerinstinkt noch nicht aktivieren, dürfen Sie ruhig etwas hysterisch werden. Knipsen Sie das Licht an und kreischen Sie: »Daaaaaa!« Spätestens jetzt wird er zum Kopfkissen oder zu einer Zeitung greifen und sich auf die Jagd machen. Kreischen Sie, als wäre Dracula persönlich hinter Ihnen her. Stellen Sie sich hilflos und deuten Sie auf schwarze Flecken an der Decke. Feuern Sie ihn an wie einen Großwildjäger und geben Sie nicht nach, bis er die Mücke erlegt hat – so es denn überhaupt eine gegeben hat.

Die Nacht vernebelt bekanntlich die Sinne. Jetzt ist die beste Zeit für Problemgespräche. Kaum hören Sie die ersten wohlig entspannten Atemzüge Ihres Partners, fragen Sie ihn: »Kannst du auch nicht schlafen?« Sollte er daraufhin nicht kerzengerade im Bett sitzen, sondern nur einen genervten Seufzer von sich geben, rütteln Sie ihn wach. »Mir geht so viel im Kopf herum! Ich muss mit dir reden!« Nichts hassen Männer so sehr wie nächtliche Störungen. Schütten Sie ihm Ihr Herz aus. Erzählen Sie ihm unter Tränen von Ihren Problemen mit dem Chef, den Intrigen in der Arbeit, der ungewollten Schwangerschaft Ihrer Freundin und Ihren neuen Karriereplänen. Fragen Sie ihn nach seiner Meinung, falls er droht einzuschlafen, und machen Sie ihm unmissverständlich klar, dass er, falls er Sie wirklich liebt, *immer* ein offenes Ohr für Sie hat. Immer! Nichts hält so wach wie ein schlechtes Gewissen. Werden Sie sein leibhaftiger Albtraum. Es wird nicht lange dauern, und die Sehnsucht nach einer ungestörten (Single-)Nacht wird ihn übermannen.

Vertrauen ist gut, Kontrolle ist besser!

Ebenso, wie ständiges Nörgeln und Kritisieren Ihren Partner aufreibt, so wirkt auch stetes Kontrollieren zermürbend und deshalb trennungsfördernd.

Eine Frau hat schon genug damit zu tun, sich selbst zu vertrauen und auf die eigene innere Stimme zu hören. Wie sollen Sie da auch noch Ihrem Mann vertrauen? Tun Sie dies auf keinen Fall! Er mag noch so gute Vorsätze haben, aber im Grunde genommen sind Männer willensschwach und leicht zu verführen, das ist doch überall nachzulesen. Selbst ehrbare Politiker streunen und wildern gerne in fremden Gefilden. So manche Frau musste schon böse erwachen, als sich herausstellte, dass der vermeintlich treue Ehemann regelmäßig fremdging. Nutzen Sie Ihr feines Gespür, Ihre sensiblen Antennen! Auch der biederste Mann ist im Grunde seines Herzens ein Jäger. Seine animalischen Triebe sind wie ein Vulkan, der jeden Moment ausbrechen kann. Dem können Sie nur mit möglichst viel Kontrolle entgegenwirken. Planen Sie Ihr gemeinsames Leben minuziös durch. Sorgen Sie dafür, dass Ihr Alltag völlig überschaubar und gut strukturiert ist. Montagabend kommen Ihre Eltern zu Besuch. Dienstag ist Saunatag. Mittwochs wird gemeinsam eingekauft. Donnerstagabend ist Krimizeit. Freitags sind Sie bei den Nachbarn zum Kartenspiel. Der Samstag ist der ehelichen Pflicht gewidmet. Und sonntags gibt es erst das opulente Mittagsmahl und nachmittags den Ausflug mit den Kindern. Protestieren Sie lauthals, wenn Ihr Partner von dieser Routine abweichen will und machen Sie ihm klar, dass die Kinder Sicherheit und Regelmäßigkeit brauchen. Seien Sie auf keinen Fall flexibel! Vorbei sind die Zeiten, in denen Ihr Partner einfach in den Tag hinein leben konnte, Sie spontanen Sex unter der Dusche hatten oder einfach mal so übers Wochenende wegfuhren.

Ihre Aufgabe ist es, wie eine unsichtbare Kamera auch die kleinsten Abweichungen von den Alltagsritualen zu registrieren. Seien Sie besonders misstrauisch, wenn er unerwartet nett ist und Ihnen Blumen mitbringt. Er will damit vielleicht sein schlechtes Gewissen beruhigen. Jetzt ist es allerhöchste Zeit, sein Handy zu überprüfen, die Taschen seines Jacketts zu durchwühlen und Kontrollanrufe im Büro zu starten. Er ist schon wieder in einer Besprechung? Da müssen sämtliche Alarmglocken bei Ihnen läuten. Spätestens am Abend sollten Sie ihn detailliert befragen, was er den Tag über so gemacht hat. Kombiniert mit einer vorwurfsvollen Kritik sollte Sie dies dem Verlassenwerden einen großen Schritt näherbringen: »Mit wem hast du dich getroffen? ... Was, du hast mit einer Kollegin zu Mittag gegessen? ... Die will bestimmt was von dir! ... Wie sieht sie aus? ... Ist sie jünger als ich? ... Darum hast du also heute deinen guten Anzug getragen! Für mich machst du dich nie so schön!«

Sie als seine Partnerin haben das Recht zu wissen, was Ihr Mann den lieben langen Tag nicht nur tut, sondern auch denkt und fühlt. Deshalb ist es äußerst wichtig, dass Sie regelmäßig sein Notizbuch und seinen Terminkalender lesen, ganz offen seine privaten Unterlagen durchwühlen und selbstverständlich seine gesamte Post öffnen. Räumen Sie seinen Schreibtisch gründlich auf. Vielleicht stoßen Sie ja auf Geheimnisse wie eine unbekannte Hotelrechnung, den Hinweis auf eine Sexseite im Internet, eine Geldüberweisung an seine Mutter, von der Sie nichts wissen. Das können Sie auf keinen Fall hinnehmen! Wenn er abends von der Arbeit nach Hause kommt, fragen Sie ihn: »Sag mal, hast du Geheimnisse vor mir?« Achten Sie genau auf seine Reaktion. Gibt es eine leichte Veränderung in der Tonlage? Tut er besonders gelangweilt? Ist er mit seinen Gedanken woanders? Dann löchern Sie ihn und bleiben Sie hartnäckig, bis er Ihnen auch die leisesten Regungen

seiner Seele offenbart hat. Eine Beziehung baut schließlich auf Vertrauen auf, und das können Sie nur haben, wenn Sie *alles* von ihm wissen. *Absolut alles*! Sollte er Ihnen nach stundenlangem Verhör gestehen, dass er tatsächlich fremdgegangen ist, so haben sie allen Grund sich zu trennen. Wenn nicht, bleiben Sie dennoch wachsam und kontrollieren Sie ungeniert weiter.

Über kurz oder lang wird Ihr Partner versuchen, sich Ihrer Kontrolle zu entziehen, denn Männer (und nicht nur diese) hassen es, wenn man ihnen hinterherspioniert. Nehmen Sie es sportlich. Ihnen und der engagierten Treuetesterin wird er sicherlich nicht entkommen.

Das Schweigen der Männer

Zwei Männer treffen sich in einer Kneipe. »Na«, fragt der eine den anderen, »wie geht's mit deiner Frau?« »Ich habe seit sechs Wochen nicht mit ihr geredet«, antwortet der andere. »Wie kommt's?« erwidert der Freund. »Hattet ihr Streit?« »Nein, nein«, meint der eine. »Ich wollte sie nicht unterbrechen.«

Schon zu Beginn Ihrer Beziehung sollten Sie Ihrem Partner klarmachen, wie wichtig Ihnen tief gehende Gespräche sind. Alles muss ausdiskutiert werden, wirklich alles. Jeder weiß ja schließlich, wie schädlich es für eine Beziehung ist, wenn die Partner Geheimnisse voreinander haben. Im Taumel der Verliebtheit wird er Ihnen sicherlich zustimmen, aber im fortgeschrittenen Stadium der Beziehung sind Männer eher mundfaul, besonders wenn es darum geht, ihren Emotionen Ausdruck zu verleihen. Aber: Kommunikation ist das A und O in einer Beziehung, und das Nonplusultra, um eine Trennung zu forcieren!

Frauen reden bekanntlich gern und ausgiebig. Das liegt in ihrer Natur. Sie verwenden pro Tag zwischen 6000 und 8000 Wörter, während Männer sich auf 2000 bis 4000 Wörter beschränken. Lassen Sie Ihren Geliebten an jedem Schritt, den Sie tun, teilhaben. Ihr Redeschwall sollte vor allem dann über ihn hinwegschwappen, wenn er gedanklich mit anderen Dingen beschäftigt ist. Es muss ihn doch auch interessieren, warum bei Frau Müller-Maier die Männer wie in einem Bienenstock aus- und einschwärmen. Oder warum die Metzgersgattin so zugenommen hat. Und dass es in der Münchner Straße mal wieder eine Umleitung gibt. »Stell dir vor, meine Kollegin hat diesen fürchterlichen Magen-Darm-Virus! Hoffentlich hat sie mich nicht angesteckt. Und unsere blöde Nachbarskatze hat mal wieder ihr Geschäft in unserem Garten verrichtet. Du musst jetzt endlich mit Frau Huber reden.« Müllen Sie ihn verbal zu, bis ihm die Ohren qualmen.

Einen Satz fürchten Männer wie der Teufel das Weihwasser: »Wir *müssen* reden.« Wenn sie ihn hören, wittern sie Gefahr. Ob sie wollen oder nicht, sofort meldet sich ein ungutes Gefühl. »Was habe ich jetzt wieder falsch gemacht?«, fragen sie sich. Gerade war doch noch alles in Ordnung. Ich sehe weit und breit kein Problem! Das können Sie weidlich ausnutzen.

Lassen Sie Ihre Problemgespräche zu den günstigsten – oder, aus seiner Sicht, ungünstigsten – Zeitpunkten stattfinden. Überfallen Sie ihn, wenn er todmüde von der Arbeit nach Hause kommt. Schnappen Sie ihn sich, wenn er gerade zu einer Fahrradtour aufbrechen will. Stören Sie ihn, wenn er in der Garage an seinem Motorrad herumbastelt. Halten Sie ihn wach, wenn er am Einschlafen ist. Gute Kommunikation ist schließlich das Fundament einer erfüllten Beziehung. Sollte er verstummen, was viele Männer tun, drängen Sie ihn zu klaren Aussagen. Geben Sie ihm deutlich zu verstehen, dass *er* etwas Grundlegendes ändern *muss*. Männer brauchen Druck, damit

sie in die Gänge kommen. Stellen Sie deshalb beim kleinsten Anlass die Beziehung grundsätzlich infrage. So ziehen Sie ihm regelmäßig den Boden unter den Füßen weg. Empfehlenswert ist es auch, möglichst jeden Tag die Gretchenfrage zu stellen: »Liebst du mich eigentlich noch?« Wenn er antwortet: »Aber ja, merkst du das nicht?«, so fordern Sie handfeste Beweise von ihm.

Natürlich müssen auch vergangene Beziehungen bis ins intimste Detail durchgeackert werden. »Wie war der Sex mit deiner Ex? Was, sie hatte nie einen Orgasmus? Und damals im Urlaub mit Ulla, warum ist sie wieder nach Hause gefahren? Du hast sie mit Filzläusen angesteckt?« Pressen Sie alle Einzelheiten aus ihm heraus, denn nur wenn er sich *ganz* öffnet, hat Ihre Beziehung eine Chance. Selbstverständlich beichten Sie ihm ebenfalls, was Sie so lange bei seinem Vorgänger gehalten hat. Er war ein absoluter Chaot, ein Frauenheld, aber er war nun mal so gut im Bett! Zählen Sie Ihrem Göttergatten sämtliche Vorzüge Ihrer Jugendfreunde auf. Machen Sie keinen Hehl daraus, was an ihnen so viel besser war als an ihm – Sie werden ihn schneller los sein, als Sie »Sex mit dem Ex« sagen können.

Falls er Sie des Klärungswahns bezichtigt, schleppen Sie ihn zum Paartherapeuten oder zu einer Paartherapeutin. Vielleicht kann er oder sie diesem Taubstummen ja beibringen, wie man vernünftig miteinander redet. Jetzt kommt er Ihnen nicht mehr aus! Stellen Sie ihn in der Therapie so richtig bloß. Die Folgen können Sie sich ausmalen.

Männer wollen nur das Eine

Männer denken angeblich zu neunzig Prozent ihrer Zeit an Sex. Sie sind primitive, triebgesteuerte Ungeheuer, die ihren Samen möglichst flächendeckend verbreiten wollen, damit

unsere Spezies überlebt. Auch wenn ein Mann seine Partnerin von Herzen liebt, hindert ihn das keinesfalls daran, in fremden Revieren zu stromern. Ernsthaften Trennungsabsichten kommt dies sehr entgegen, denn glücklicherweise lässt sich Sex von Frauen wunderbar als Trennungsoffensive instrumentalisieren.

Ihr Partner grapscht in allen möglichen und unmöglichen Situationen an Ihnen herum und glaubt auch noch, dass Sie das antörnt? Sie befüllen gerade die Waschmaschine und er greift Ihnen zwischen die Beine? Machen Sie ihm zunächst einmal klar, dass Sie nur auf zivilisierten Hausmannssex stehen, und der findet nun mal im Schlafzimmer unter der Bettdecke und möglichst in Dunkelheit statt. Zeigen Sie moralische Entrüstung, wenn er von seinen schmutzigen Fantasien erzählt und gesteht, er würde Sie gerne mal auf dem Küchentisch verführen. So eine Schweinerei! Und überhaupt: Sie wollen nicht ständig angemacht werden. Kuscheln ist doch viel schöner! »Kannst du mich nicht einfach mal lieb in den Arm nehmen, ohne gleich an Sex zu denken?« Schüren Sie kräftig seine Schuldgefühle ob seiner Testosteronausschüttung.

Vermeiden Sie, dass er Sie nackt durch die Wohnung spazieren sieht, denn das männliche Lustzentrum im Gehirn springt in solchen Situationen sofort an. Er muss sich den Sex erst einmal verdienen. Zunächst sollte er im Haushalt mithelfen, ein verständnisvoller Vater sein, darüber hinaus einen charmanten Zuhörer und einen guten Masseur abgeben. Wenn er Sie nach tagelangen Bemühungen paarungsbereit gemacht hat, dann bestehen Sie auf ein mindestens zweistündiges Vorspiel in romantischer Atmosphäre – er muss Kerzen anzünden, die Duftlampe bestücken und romantische Musik auflegen. Und natürlich kann *ein* falsches Wort von ihm die ganze Stimmung jederzeit wieder ruinieren. Typisch, er ist so unsensibel! Jetzt ist Ihnen der Spaß grundlegend vergangen. Die nächste Chan-

ce auf erotische Stunden wird es erst wieder in ein paar Monaten geben.

Sollte er gelegentlich (vielleicht immer sonntags) doch ran dürfen, so sparen Sie nicht mit Bemerkungen, die keinen Zweifel daran lassen, was für ein grottenschlechter Liebhaber er ist. »Mein Exfreund Klaus hat mich schon vor dem Frühstück dreimal zum Orgasmus gebracht und abends dann noch einmal! Das war ein echter Mann!« Bleiben Sie vage bei der Beschreibung dessen, was Klaus mit Ihnen angestellt hat, so dass Ihr Mann erraten muss, was Sie eigentlich wollen. Falls er nachfragt, sagen Sie einfach: »Ein richtiger Mann weiß, was einer Frau guttut!« Spielen Sie ihm auf keinen Fall einen Orgasmus vor, wenn Sie ihn loswerden möchten. Ein bisschen anstrengen muss er sich schon. Gähnen Sie deutlich hörbar, wenn er zum Höhepunkt kommt. Auch ein: »Du, übrigens, die Decke müsste mal wieder gestrichen werden«, macht sich in diesem Moment äußerst gut. Werfen Sie einen angeekelten Blick auf die Spuren, die er auf der Bettwäsche hinterlassen hat. Ziehen Sie schnellstmöglich das hochgeschlossene rosa Nachthemd an und drehen Sie sich zur Seite. Sollte er nach Bestätigung seiner Manneskraft suchen und fragen: »Na, wie war ich?«, so lassen Sie keinen Zweifel daran, wie sehr Sie dieses Herumgehoppel in der Missionarsstellung langweilt.

Wenn Ihr Partner jetzt auf ein Bordell ausweichen möchte – es gibt ja angeblich Männer, die so etwas tun –, umso besser! Jetzt müssen Sie sich wenigstens nicht mehr für seine niederen Triebe aufopfern. Und wenn Sie ihm auf die Schliche kommen, haben Sie außerdem einen guten Grund, ihn schleunigst aus dem Haus zu werfen. Sie können ihm natürlich auch Vorhaltungen machen, für welche Schweinereien er das sauer verdiente Geld ausgibt. Machen Sie ihm klar, dass es nicht an Ihnen liegt, wenn Ihr Sexleben eingeschlafen ist. Mit einem Schlappschwanz wie ihm kann frau einfach keinen

Spaß haben. Denken Sie laut über einen Liebhaber nach. Nichts trifft das männliche Ego so sehr wie Kritik an seiner Potenz – das hinterlässt einen tiefen Riss in der Beziehung. So ruinieren Sie Ihre Partnerschaft schnell und effektiv. Nicht aufgeben! Am Horizont winkt ein neues erotisches Abenteuer.

Nicht nur sauber, sondern rein!

Es gibt kein beliebteres Streitthema als die unterschiedlichen Auffassungen zum Thema Ordnung. Deshalb eignet es sich auch so gut, eine Beziehung so richtig in den Graben zu fahren.

Männer lieben ein gemütliches Zuhause. Sie fläzen sich gerne auf die Couch und stören sich in der Regel nicht daran, wenn es um sie herum so aussieht, als hätte eine Bombe eingeschlagen. Sie nennen dies »Unordnung mit System«, statt sich zu ihrer Faulheit zu bekennen. Es mag ja sein, dass Ihr Partner eine picobello aufgeräumte Garage hat, aber die Wohnung sieht er offensichtlich als Ihr Revier an, für das Sie in puncto Sauberkeit zuständig sind. Ihre Aufgabe ist es, ihm zu verdeutlichen, dass die Junggesellenbudenzeit ein für alle Mal vorbei ist. Sie sind nicht dazu da, seine Schmutzwäschehaufen und die muffelnden Sportklamotten wegzuräumen oder gar die Wollmäuse unter seinem Schreibtisch zu entfernen, denn Sie fühlen sich nur dann wohl, wenn man vom Fußboden essen kann und alles sagrotangereinigt ist. Schließlich wollen Sie sich ja nicht vor den Nachbarn blamieren. Überhaupt sollten Sie gesteigerten Wert darauf legen, was Ihre Mitmenschen von Ihnen denken. Die Werbung spielt Ihnen Tag für Tag vor, wie Ihre Wohnung und Ihre Wäsche auszusehen hat, und diesem Ideal müssen Sie natürlich nacheifern.

In Ihrem blitzblanken Heim sollte Ihr Partner als dekoratives Schmuckstück thronen. Deshalb ist es seine oberste Pflicht,

dass er sich beim Betreten der Wohnung die Schuhe auszieht, am besten schon vor der Tür. Schweinereien wie überlaufende Aschenbecher und Bartstummel im Waschbecken werden nicht geduldet. Im trauten Heim läuft es nicht wie in der Arbeit, wo Ihr Mann alle unangenehmen Aufgaben an seine fleißige Sekretärin delegieren kann.

Damit Ihrem Partner so richtig bewusst wird, was für ein Schmutzfink er ist, veranstalten Sie Ihre Putzorgien am besten, wenn er zu Hause ist. Er sitzt gerade am Computer und löst ein schwieriges Problem? Wischen Sie mit dem Putzlappen um ihn herum und bitten Sie ihn, die Beine zu heben. Das macht Stimmung! Wenn er sich gerade die Sportschau im Fernsehen ansieht, ist die optimale Zeit, zum Staubsauger zu greifen und die Couch abzusaugen. Und wenn er brummig reagiert, machen Sie ihm Vorwürfe und erklären ihm, er könnte sich ja auch mal um den Haushalt kümmern und Ordnung halten. Zwingen Sie ihn, in Ihrer kostbaren freien Zeit am Wochenende zusammen das Haus zu putzen. Allerdings ist dazu eine sorgfältige Einweisung vonnöten, denn Männer sind, was die Hygiene anbelangt, eher oberflächlich.

Meine Mutter war mir in puncto Ordnung immer ein Vorbild. Kaum war das letzte Salatblatt vom Teller verschwunden, schon zog sie einem den Teller unter den Fingern weg, um sich zum Spültisch zu begeben. Südländische Gemütlichkeit mit stundenlangen Fressorgien war ihr fremd. Kein Krümel überlebte unter ihrem strengen Blick. Machen Sie es wie meine Mutter und sorgen Sie für ein keimfreies Zuhause. Fühlt sich Ihr Partner erst einmal wie das letzte, lästige Staubkorn, bringt er sich schon selbst zum Mülleimer.

Die Kinder sind mein Ein und Alles

Bevor Sie das nachstehende Kapitel lesen, beachten Sie bitte folgende Warnung: Die hier geschilderte Strategie ist nur für Zerrüttungs-Profis geeignet! Für Ungeübte kann ihre Anwendung unangenehme Nebenwirkungen wie Tyrannen im Taschenformat, erpresserische Bonsai-Terroristen und hyperventilierende Minidespoten nach sich ziehen. Wenn Sie also auf dem Terrain des Beziehungsdemontierens noch nicht allzu viele Erfahrungen gesammelt haben, ist es ratsam, statt dieser Strategie zunächst lieber die Tipps im darauffolgenden Kapitel *Ein Haustier macht auch Mist* ... zu beherzigen. Auch wenn Sie sich den Traum von einer heilen Familie erfüllen wollen oder Sie einen Partner an der Seite haben, dessen großes Ziel es ist, eine ganze Fußballmannschaft an eigenen Kindern zu bekommen, dann sollten Sie diese Strategie lieber nicht anwenden. Allen Beziehungskiller-Expertinnen jedoch sei eine erhellende Lektüre gewünscht.

Kinder, so heißt es, sind die größte Erfüllung im Leben einer Frau. Denken Sie nur daran, so ein kleines, süßes Bündel in Ihren Armen zu halten, das völlig auf Sie angewiesen ist – Ihr Herz wird wahrscheinlich dahinschmelzen. Die Liebe zwischen Partnern vergeht, die Liebe zu den Kindern bleibt. Von Ihrem Nachwuchs werden Sie *wirklich* geliebt, denn keine Bindung ist so tief wie die zwischen Mutter und Kind. Und diese Liebe eignet sich als hervorragendes Instrument der Beziehungsdemontage: Wenn Sie Ihren Mann vertreiben wollen, dann sollte Ihre *ganze* Liebe den Kindern gelten. Ihr Mann ist ab jetzt nur noch als Ernährer der Familie interessant. Nicht mehr und nicht weniger. Schlagen Sie sich den weit verbreiteten Irrglauben aus dem Kopf, Kinder könnten Ihre brüchige Liebe kitten. Im Gegenteil: Kinder eignen sich hervorragend, um Beziehungen in den Sand zu setzen.

Schon das *Thema* Kinder treibt so manchen Mann in die Flucht. Er sieht sich plötzlich in der Rolle des alleinigen Ernährers, der fortan auf seine Hobbys verzichten und nur noch Windeln wechseln muss. Machen Sie Ihrem Liebsten mit Nachdruck klar, dass Sie sich von ihm trennen werden, wenn er sich nicht auf die Vaterrolle einlässt. Er kriegt Sie nur, wenn er auch zu Kindern Ja sagt. »Ganz oder gar nicht«, lautet die Parole. Der Sinn des Lebens besteht schließlich nicht darin, um sich selbst zu kreisen, sondern sich fortzupflanzen. Jetzt ist Schluss mit seinen pubertären Anwandlungen, es gilt Verantwortung zu tragen. Wenn Sie Glück haben, nimmt er schon in diesem Anfangsstadium Reißaus, denn bereits das Wort »Verantwortung« kann Wunder wirken.

Sollte der Plan nicht ganz aufgegangen sein und er Sie tatsächlich geschwängert haben, sollte sich ab jetzt *alles* nur noch um den Nachwuchs drehen. Andere Dinge sind jetzt Nebensache. Beugen Sie sich bei gemeinsamen Spaziergängen verträumt über jeden Kinderwagen und motivieren Sie Ihren Partner zu freudigen Jubelschreien. »Ist er nicht süß, der Kleine? Denk nur, bald haben wir auch so einen schnuckeligen Goldschatz in der Wiege liegen!« Durchstreifen Sie mit ihm stundenlang die Kinder- und Spielzeugläden, um ökologisch einwandfreies Spielzeug und schadstofffreie Kleidung zu kaufen. Verbringen Sie in gemeinsamer Vorfreude schon mal Zeit auf einem Kinderspielplatz. Dort können Sie beobachten, wie kleine Diktatoren ihre Spielgenossen und Eltern terrorisieren. » Mamaaa, Colin hat mir die Schaufel geklaut! ... Colin hat seinem Papa Sand über den Kopf geschüttet! ... Colin hat auf meine Sandburg gepinkelt ... Mamaaaaaa, Colin hat mich geschlagen ... «

Natürlich gibt es jetzt keine wilde Rockmusik mehr im Haus, stattdessen lassen Sie sich von Walgesängen beschallen, die sich positiv auf die Entwicklung des Ungeborenen auswirken.

Und es versteht sich von selbst, dass er auch auf Ihre Schwangerschaftshochs und -tiefs Rücksicht nehmen und sich beim Sex zurückhalten muss. Sollte sich Ihr Partner bereits jetzt wie das dritte Rad am Wagen vorkommen, so hören Sie nicht auf ihn. Vermitteln Sie ihm klipp und klar, dass Sie bald Papa und Mama werden, und das bedeutet, dass Ihr Kind überall dabei sein wird.

Wenn der kleine Wonneproppen dann endlich auf der Welt ist, gehen Sie *ganz und gar* in Ihrer Mutterrolle auf, und das nicht nur in den ersten Monaten, sondern *lebenslang*! Verzichten Sie »wegen des Kindes« *komplett* auf Ihr lieb gewonnenes Eigenleben. Sie sind früher zusammen mit Ihrem Partner gern in die Disco oder ins Kino gegangen? So etwas ist ab jetzt natürlich tabu. Aus und vorbei sind auch die gemeinsamen Besuche im Fitnessstudio und gemütliche Kaffeepausen auf dem Sofa. So können Sie Ihrem Partner auch besser ein schlechtes Gewissen machen, wenn er seine Interessen und Hobbys nicht zugunsten der Familie aufgeben will. Demonstrieren Sie ihm täglich, wie hingebungsvoll Sie sich für ihn und das Kind engagieren, so dass ihm der Spaß daran vergeht, seine Freunde zu treffen oder stundenlange Motorradtouren zu unternehmen, weil er weiß, was für ein Krach ihn danach zu Hause erwartet. Verbreiten Sie ob Ihrer vielen häuslichen Pflichten ordentlich Hektik. Es gibt schließlich immer etwas zu tun. Wenn Sie wie Speedy Gonzales durch die Wohnung wirbeln, wird ihm bald die Lust vergehen, die Beine hochzulegen. Im besten Fall will er dieses Opfer nicht in Kauf nehmen und ist schneller weg, als Sie das Kind gewickelt haben.

Vor allem die Nächte sind jetzt eine Goldgrube für den erfolgreichen Beziehungsruin. Behaupten Sie felsenfest, Sie wollten Ihr Kind vor möglichen Albträumen bewahren und es müsse deshalb jede Nacht zum Einschlafen zwischen Ihnen und Ihrem Mann liegen. So unterbinden Sie äußerst wir-

kungsvoll auch den zaghaftesten nächtlichen Annäherungsversuch. Oder stehen Sie im Halbstundentakt auf und schauen Sie nach, ob im Kinderzimmer auch wirklich alles in Ordnung ist. Seien Sie dabei beim Aufstehen so laut wie möglich und seufzen Sie gut hörbar, damit Ihr Partner auch wirklich mitbekommt, wie aufopferungsvoll Sie sind. Fordern Sie ihn auf, Sie zu begleiten, und wenn er sich weigert, »diesen Zirkus« mitzumachen, halten Sie ihm vor, wie unwichtig ihm sein Nachwuchs offenbar ist, und dass er nie ein guter Vater werden wird, falls er so weitermacht.

Kochen Sie zukünftig nur noch die Lieblingsessen Ihres Kindes; das lohnt sich vor allem dann, wenn Ihr Partner Gerichten wie Makkaroni mit Tomatensoße, Milchreis und Eierkuchen rein gar nichts abgewinnen kann. Gut funktioniert auch die Taktik, im Urlaub ausschließlich Kindertraumziele anzusteuern. Ihr Mann interessiert sich für Architektur? Prima! Dann sind Legoland und Euro-Disneyland doch genau das Richtige, um zwei Fliegen mit einer Klappe zu schlagen. Und wenn Ihr Partner Wanderurlaube im heimatlichen Umland liebt und argumentieren will, dass man dabei auch wunderbare kindertaugliche Touren unternehmen kann, halten Sie dagegen, dass Ihr Kind auf der Wildwasserbahn in einem Freizeitpark wesentlich mehr Spaß hat, als von Mücken zerstochen und mit Blasen an den Füßen über Stock und Stein laufen zu müssen.

Auch den Tagesablauf sollten Sie zwanghaft auf den Nachwuchs abstimmen. Kinder brauchen vor allem eines: Regelmäßigkeit. Punkt sieben gibt es Frühstück, Punkt eins das Mittagessen, punkt sechs das Abendessen. Dabei gibt es keine Ausnahmen für Fußball-Länderspiele oder sonstige Live-Übertragungen. Natürlich wird jetzt nur noch im Bioladen eingekauft. Vorbei sind die ungesunden Pizzaorgien, und der Alkohol wird selbstverständlich gestrichen, da Sie den Kindern ja ein gutes Vorbild sein wollen. Das Gleiche gilt für Ihr abendli-

ches Fernsehprogramm. Eine Stunde am Tag reicht für alle völlig aus, das wissen Sie aus den neuesten soziologischen Studien. Wie könnte es anders sein: Nicht die Sportschau wird angeschaut, sondern KIKA-Sendungen, die bei Kindern unglaublich beliebt sind, bei Eltern aber reinste Fluchtgedanken auslösen. Die Fußballergebnisse kann sich Ihr Partner schließlich auch im Radio anhören.

Wenn Ihr Mann sich beschwert, machen Sie ihm gnadenlos deutlich, was Sie schon vorher geahnt haben: Er ist und bleibt ein Egomane, der nur an sein eigenes Vergnügen denkt. Papa fühlt sich für den Spaß zuständig, mit ihm kann man raufen und balgen, Drachen steigen lassen, Blödsinn machen, kitzeln, Verstecken spielen, aber wenn es darum geht, sich um die Hausaufgaben zu kümmern oder die schmutzigen Schuhe sauber zu machen, bleibt alles an Ihnen hängen. Zögern Sie nicht, ihm Ihren Unmut darüber zu zeigen: »Typisch, die Drecksarbeit überlässt du mir!« Sparen Sie nicht mit Kritik an seinem Erziehungsstil: Mal ist er zu autoritär, mal zu gewährend, mal zu ungeduldig, dann wieder zu nachsichtig. Wie auch immer er mit den Kindern umgeht, es ist nicht richtig. Machen Sie ihm Vorwürfe: »Du lässt den Kindern *immer alles* durchgehen!«, »Auf Dich kann man sich einfach *nie* verlassen!«, oder – je nach Bedarf – auch das Gegenteil: »Musst du immer so streng sein, sie sind doch noch Kinder!« Sehr effektiv wirkt auch die Kombination von Vorhaltungen mit schlimmen Prophezeiungen: »Kinder brauchen ihren Vater!!! Aber du bist ja *nie* da! Sie werden noch als drogensüchtige Nervenwracks in der Gosse landen wegen dir!«

Auf den Punkt gebracht ist es also ganz einfach: Sie waren einmal ein Paar. Damit ist jetzt ein für alle Mal Schluss. Jetzt sollten Sie ausschließlich Papa und Mama sein. Wochenenden zu zweit auf dem Land oder ein gemeinsamer Saunabesuch gehören der Vergangenheit an. Sie können die Kinder

doch nicht alleine lassen! Und die Gespräche von Papa und Mama drehen sich selbstverständlich nur noch um das Wohl der Kinder. Ihr Mann wird sich immer häufiger fragen, ob das wirklich das Leben ist, das er führen möchte. Dann dauert es nicht mehr lange, bis er von Ihrer Beziehung genug hat und das Weite suchen wird, um wieder das alte ungezwungene Leben zu führen, bei dem er auf niemanden Rücksicht nehmen musste.

Ein Haustier macht auch Mist ...

Wenn Sie keine Kinder haben beziehungsweise Ihren Nachwuchs aus Ihren strategischen Trennungsmanövern so gut es geht heraushalten möchten, bietet sich mit der Anschaffung eines über alles geliebten Haustiers eine äußerst hilfreiche Alternative der Partnervergraulung. Ihre ganze Liebe gilt jetzt Ihrem Jack Russel Terrier oder der Angorakatze, und es wird nicht lange dauern, bis man den Ärger im Haus förmlich riechen kann. Das Katzenklo muss unbedingt im Arbeitszimmer neben dem Schreibtisch stehen, denn dort befindet sich Miezies Lieblingsort, um ihr Geschäft zu verrichten. Wenn Ihr Hund die Hausschuhe Ihres Partners zernagt oder seinen Lieblingspulli zerfetzt hat, so entschuldigen Sie ihn einfach mit: »Ach, er will doch nur spielen!« Selbstverständlich greifen Sie nicht zu billigem Dosen- oder Trockenfutter für Ihren Liebling, sondern kochen ihm abwechslungsreiche Menüs. Ihre spärliche Freizeit verbringen Sie mit Ihrem Hund in der Hundeschule. Nach dem Spazierengehen darf Ihr Ein und Alles auf dem Autositz sitzen, auch wenn es geregnet hat. Oder soll sich Ihr süßer Wuschel etwa ausgegrenzt und zurückgesetzt fühlen, nur weil Ihr Partner den Wagen mit den beigen Samtimitatsitzen erst vor einem halben Jahr neu angeschafft hat? Das biss-

chen Schmutz muss das Auto ja wohl abkönnen, schließlich ist es ein Gebrauchsgegenstand!

Natürlich liegt der vierbeinige Gefährte zwischen Ihnen auf dem Sofa und im Bett. Falls Ihr Partner mit einer Tierhaarallergie oder dergleichen argumentiert, machen Sie ihn darauf aufmerksam, dass die modernen Zeiten hervorragende Medikamente gegen allergische Reaktionen hervorgebracht haben, und dass er nicht überreagieren muss, nur weil diese bei ihm noch nicht anschlagen. Führen Sie ihm vor Augen, wie egoistisch er sich verhält, wenn er dem armen Tier seinen angestammten Platz verweigert und welche tiefen psychischen Schäden er Ihrem Liebling zufügt, wenn er aus Wohn- und Schlafzimmer verbannt wird.

Wahrscheinlich erraten Sie es schon: Gemeinsame, mehrwöchige Urlaube oder Vier-Sterne-Städtereisen kommen nicht mehr infrage, wenn Ihr vierbeiniger oder gefiederter Freund nicht mit von der Partie sein darf. Nachbarn und Freunde möchten Sie nicht behelligen, und eine Tierpension? Nur über Ihre Leiche! Das Geld, das so etwas kostet, investieren Sie lieber in einen neuen Kristallfutternapf oder einen Besuch bei Ihrer Tiermassagepraxis. Auf Neuanschaffungen wie ein Laptop oder einen Plattenspieler muss Ihr Partner bedauerlicherweise ebenfalls verzichten, die neue Ausrüstung für Ihr Pferd hat definitiv Vorrang vor diesen unnötigen Luxuskinkerlitzchen.

Der Start ins Wochenende orientiert sich am Rhythmus Ihres Kanarienvogels: Der Samstag- und Sonntagmorgen sind seiner kreativen Entfaltung vorbehalten, und wenn dies leider bedeutet, dass das Vögelchen bereits um 6:30 Uhr morgens am liebsten zur Musik von Rod Stewart singt und trällert, kann Ihr Partner noch so vehement seinen wohlverdienten Wochenenderholungsschlaf einfordern. Kontern Sie kurzerhand mit dem Vorwurf: »Du gönnst dem Tier aber auch nicht die kleinste Freude!«

Ihr Mann wird schnell merken, dass er nur noch die zweite Geige spielt und sich immer mehr distanzieren. Sie werden sehen, wie schnell er verschwunden ist, wenn er erst einmal begriffen hat, dass Ihnen Ihr Haustier viel wichtiger ist als er.

Die Esoterikfalle

Männer sind schwierige Artgenossen. Deshalb sollten Sie sich ein kompetentes Helfersystem für den Umgang mit Ihrem Partner aufbauen, am besten mit Bezug zur Esoterikszene, denn Männer sind pragmatisch und eher dem logischen Denken zugetan. Diesen ganzen übersinnlichen Kram hassen Sie in der Regel und sind damit gut in die Flucht zu schlagen.

Beginnen Sie mit einem Besuch bei einer Wahrsagerin. Die weiß sicherlich, welches karmische Schicksal Sie beide verbindet. Sie waren in einem vergangenen Leben die Königin von Saba und Ihr Mann musste Ihnen dienen? Dann ist es ja kein Wunder, dass er in diesem Leben so egoistisch ist. Er hat Sie im letzten Leben umgebracht? Endlich können Sie sich Ihre Hassgefühle erklären! Das nennt man karmischen Ausgleich. Berichten Sie Ihrem Liebsten ausführlich von Ihrem Besuch bei der Wahrsagerin, besonders dann, wenn die Karten das baldige Ende Ihrer Beziehung vorausgesagt haben. Er wird Sie für komplett verrückt erklären.

Äußerst wichtig ist es auch, sich jährlich ein Partnerhoroskop erstellen zu lassen, um sich für die anstehenden Herausforderungen zu wappnen. »Ich habe meine Venus in der Waage und du deine Venus im Skorpion. Das kann ja nicht gut gehen!« Außerdem ist da ja auch noch sein Aszendent, der überhaupt nicht mit seinem Sonnenzeichen harmoniert ... In diesem Jahr steht Ihre Beziehung stark unter dem Einfluss von Saturn, also ist es nur logisch, dass Sie sich nicht mehr verste-

hen. Da hilft nur noch eine Paartherapie! Und im Tageshoroskop steht, dass Sie als feurige Widderfrau heute ausnahmsweise gar keine Lust auf Sex haben. Da soll er gefälligst die Finger von Ihnen lassen.

Aber die Esoterik bietet noch mehr Möglichkeiten, die Nerven Ihres Partners auf eine Zerreißprobe zu stellen: Gestalten Sie Ihr gemeinsames Leben ganz nach dem Mondkalender. Ihr Göttergatte will bei abnehmendem Mond zum Friseur gehen? Unmöglich. Jedes Kind weiß doch, dass dann die Haare nicht mehr so kräftig nachwachsen. Was, seine Knieoperation fällt auf einen Stiertag? Das geht ja gar nicht, die OP muss unbedingt verschoben werden! Je stärker Sie darauf beharren, desto eher wird er nach Wegen suchen, aus dieser spirituellen Beziehung zu entkommen.

Auch esoterische Geburtstagsgeschenke eignen sich hervorragend, um den Partner unauffällig loszuwerden: Wie wäre es mit spiritueller Lektüre oder einem Gutschein für ein schamanisches Männerseminar, bei dem er sich in der Schwitzhütte und bei indianischen Gesängen ganz als Mann unter Männern fühlen kann? Mit Sicherheit wird er sich dagegen sträuben. Machen Sie ihm klar, wie wichtig seine Männlichkeit für Ihre Beziehung ist. Sie wollen kein Weichei an Ihrer Seite, sondern einen ganzen Kerl.

Um Ihrer Partnerschaft endgültig den Garaus zu machen, sollten Sie sich einen spirituellen Lehrer oder Guru suchen, der zunehmend Einfluss auf Ihr Leben nimmt. Ihr Partner wird Augen machen, wenn Sie Ihr gemeinsames Haus immer mehr in einen Tempel verwandeln. Schon morgens findet er seine Frau in tiefer Meditation oder in olympiaverdächtigen Yogaverrenkungen vor, bei denen sie natürlich auf keinen Fall gestört werden darf. Der Duft von Räucherstäbchen umweht beim Nachhausekommen seine Nase, der Gesang von buddhistischen Mönchen quält seine Ohren. Es wird selbstver-

ständlich nur noch vegetarisch gegessen. Im Urlaub geht es nicht mehr nach Mallorca, sondern zu einem gemeinsamen Tantraseminar, um seine lausigen Liebeskünste aufzupeppen und seine Orgasmusfixierung aufzulösen. Sollten Ihre tantrischen Bemühungen keine Früchte tragen, so bitten Sie die Heilerin, die Sie aufsuchen, doch um Fernheilung für Ihren Partner. Er ist noch zu sehr im Materiellen verhaftet und braucht dringend göttlichen Beistand. Besprengen Sie ihn mit Aura-Soma-Wässerchen und reinigen Sie seine Aura mit Salbei. Wenn er dann nicht das Weite sucht, kann ihm – und Ihnen – wohl keiner mehr helfen.

Ein Mann für jede Gelegenheit

Nur weil ein Mann äußerst selten alle guten Eigenschaften in sich vereint, heißt das noch lange nicht, dass frau auf ihre vielen Wünsche verzichten muss. Sie nehmen einfach das Beste von jedem Mann und müssen sich nicht mit seinen Schwachpunkten herumschlagen. Suchen Sie sich einfach einen Mann für jede Gelegenheit. So schlagen Sie gleich zwei Fliegen mit einer Klappe: Ihre unterschiedlichen Bedürfnisse werden durch mehrere Männer besser abgedeckt, und Ihr Partner wird sich als einer unter vielen fühlen. Wollen Sie also einen Ihrer Männer loswerden, können Sie die anderen problemlos instrumentalisieren: Aber beachten Sie den hohen organisatorischen Aufwand und den Neid anderer Frauen, den diese Strategie mit sich bringt. Die Wirkung ist jedoch zumeist sehr effektiv: Hat Ihr Mann auch nur ein bisschen Stolz im Leib, so wird er sich das nicht gefallen lassen und gehen.

Hier also nun die verschiedenen Männer:

1. Der Ehemann
Er steht für Sicherheit und materielle Versorgung. Er ist der Vater Ihrer Kinder und dafür zuständig, dass Sie finanziell unbeschwert leben können. Nicht mehr und nicht weniger.

2. Der Lover
Mit ihm haben Sie den aufregenden Sex, den Sie in Ihrer langjährigen Beziehung vermissen. Er flüstert Ihnen im Liebestaumel all das ins Ohr, was Sie zu Hause schon lange nicht mehr gehört haben. Für ihn stylen Sie sich zum Vamp, und mit ihm leben Sie Ihre erotische Seite aus.

3. Der gute Freund
Er hat zu jeder Tages- und Nachtzeit ein offenes Ohr für Sie. Ihm, den Sie vielleicht schon aus Kindertagen kennen und der Sie schon damals vergeblich verehrte, können Sie stundenlang am Telefon von Ihren Sorgen und Ihrem Beziehungsstress erzählen. Er hat immer Verständnis und steht Ihnen mit Rat und Tat zur Seite. Er weiß, wo seine Grenzen sind, doch heimlich hofft er auf mehr.

4. Der Handwerker
Er ist der Mann fürs Grobe und für größere Reparaturen im Haus zuständig. Schon in Ihrer Singlezeit stand er Ihnen geschickt zur Seite, wenn es etwas zu flicken gab. Gutmütig, wie er nun mal ist, hilft er selbstverständlich bei jedem Umzug. Seinen Selbstwert bezieht er einzig und allein daraus, wie sehr er gebraucht wird. Und das können Sie ausnutzen: Er baut Ihre Schränke auf, montiert die Lampen und bringt die Stereoanlage wieder auf Vordermann. Mit einer guten Brotzeit als Bezahlung gibt er sich zufrieden.

5. Der Kulturkenner
Er ist der Feingeist unter den Männern, die um Sie herumschwirren. Mit ihm besuchen Sie Kunstausstellungen, Theater und Konzerte. Er ist kulturell auf dem neuesten Stand, belesen und kennt sämtliche Rezensionen. Er genießt es im Gegensatz zu Ihrem Partner, sich in Schale zu werfen. Mit ihm können Sie sich auf jeder Vernissage sehen lassen.

6. Der Sportsfreund
Er hat Freude an der Bewegung. Mit ihm verabreden Sie sich zum Joggen, fürs Fitnessstudio, zum Skaten und Bergsteigen. Er hat eine gute Kondition und murrt nicht bei jeder kleinen Steigung. Der Sportsfreund eignet sich auch gut als Lover.

Was will frau mehr? Lassen Sie Ihren Partner tagtäglich spüren, wo sein Platz in Ihrem Leben ist. Schwärmen Sie ihm von den fantastischen Fähigkeiten der anderen Männer vor: »Mein Gott, du hast wirklich zwei linke Hände! Rudi hätte das schon längst in den Griff bekommen!« »Was bist du nur für eine faule Socke! Mit Herbert wäre ich schon längst fünf Kilometer weiter!« Die Folgen werden garantiert nicht ausbleiben. Wenn Ihr Partner das Gefühl hat, dass er Ihnen nichts, aber auch gar nichts recht machen kann und ständig zu hören bekommt, dass andere Männer viel besser sind als er, so wird er sich über kurz oder lang eine Partnerin suchen, die ihn annimmt, so wie er ist. Das Gute bei dieser Strategie ist, dass Sie nur *einen* Mann aus Ihrer Sammlung verlieren und dafür leichter Ersatz finden, als wenn Sie darauf bestehen, ein einziger Mann müsste all Ihre Wünsche und Bedürfnisse erfüllen.

Wenn sonst nichts nützt: der Kettenbrief

Sollten die vorangegangenen Strategien Ihren Mann noch nicht in die Flucht geschlagen haben, hilft nur noch eines: der Kettenbrief. Keine Panik: Im Gegensatz zu herkömmlichen Kettenbriefen kostet Sie diese Kettenmail gar nichts. Sie können nur gewinnen und Ihr Liebesleben optimieren!

Senden Sei einfach eine Kopie dieses Kettenbriefs an Frauen, die Ihres Partners genauso überdrüssig sind wie Sie.

Verpacken Sie danach Ihren Freund, Partner oder Ehemann in eine große Schachtel. Betäuben Sie ihn vorher mit reichlich Bier, das macht ihn gefügiger. Vergessen Sie die Luftlöcher im Karton nicht! Dann senden Sie den Karton an die Frau, die an erster Stelle auf Ihrer Liste steht.

Sobald Ihr Name ganz oben auf der Liste erscheint, erhalten Sie sage und schreibe 65.241 Männer von der Post zugestellt! Laut Statistik sind darunter mindestens 8.492 fantastische Latinlover, 484 tantrisch geschulte Männer, 2 Millionäre, 9.653 Männer, die Ihnen multiple Orgasmen bescheren und 4 Filmschauspieler. (Achtung: Selbst Richard Gere könnte dabei sein!) Sind das nicht verlockende Perspektiven? Und das Allerbeste kommt erst noch: Ihr Ex ist garantiert nicht darunter! Jetzt kann sich jemand anderes mit ihm herumärgern!

Unterbrechen Sie auf gar keinen Fall die Kette!

Eine Frau, die nur fünf statt der sieben Freundinnen anschrieb, bekam neulich postwendend ihren Ex samt seines ab-

gewetzten Pullovers, den er dauernd trägt, der Bierfahne und seiner Spielzeugeisenbahn zurück.

Noch am selben Tag zog der Multimilliardär, den sie sich nach dem Versand ihres Mannes geangelt hatte, auf seine Yacht zurück, zusammen mit ihrer besten Freundin!

Sie müssen einfach Vertrauen haben!

Deshalb: Halten Sie sich genau an die Spielregeln und Sie werden mit einem Schlag Ihr Leben auf Vordermann bringen! Kein Betteln um Komplimente mehr, kein stundenlanger Fernsehterror, keine muffige Bierfahne und keine Einmischung von dominanten Schwiegermüttern. Stattdessen bekommen Sie aufregenden Sex, die Aufmerksamkeit, die Sie verdient haben und ein entspanntes Leben, denn der zugestellte Mann wird Ihnen dankbar sein, wenn Sie ihn aus seinem Karton befreien. Darum zögern Sie nicht und senden Sie diese Kettenmail noch heute an Ihre frustriertesten Freundinnen.

Fazit

Liebe Leserin,

wie Sie sehen, gibt es eine große Anzahl von Möglichkeiten, wie Sie Ihren Partner dazu bringen können, das Feld zu räumen. Sie müssen ihm nur gehörig auf die Pelle rücken, an ihm herumnörgeln, ihn umerziehen – kein Mann wird sich das lange gefallen lassen, und der, der es mit sich machen lässt, kann Ihrer Verachtung sicher sein. Nichts ist unerotischer als ein Mann, der versucht, seiner Partnerin alles recht zu machen und der keine eigene Meinung hat. So ein Weichei! Mit der Zeit wird Ihr Mann es verstehen: Er kann Ihren Ansprüchen nicht genügen, und wenn er sein Leben nur ein bisschen genießen möchte, sollte er sich besser von Ihnen trennen.

Suchen Sie sich einfach die Tipps aus, die Ihnen am ehesten liegen. Es ist für jede Frau und für jedes Zerrüttungstalent etwas dabei. Männer wollen in der Regel so bleiben, wie sie sind. Deshalb ist Ihr wirkungsvollstes Zerrüttungswerkzeug sicherlich das MVP (Männerveränderungsprogramm). Geben Sie Ihrem Liebsten stets das Gefühl, irgendetwas sei mit ihm nicht in Ordnung – er wird schnell das Weite suchen. Sie können ihn selbstverständlich auch zu Tode bemuttern – Ihr Partner wird das vielleicht anfangs genießen. Wenn Ihre Beziehung jedoch in die Jahre kommt, wird ihm dieses Verhalten immer mehr auf den Wecker gehen. Wie in der griechischen Mythologie Zeus seine Hera für Semele verließ, so wird auch Ihr Partner sich eine Geliebte suchen und Sie sind ihn los. Und last but not least gibt es immer noch den Kettenbrief ...

Sollten Sie wider besseren Wissens nach der Lektüre dieses Buches immer noch den Wunsch verspüren, Ihre Beziehung zu erhalten, so wissen Sie ja, was zu tun ist: nämlich genau das

Gegenteil von dem, was ich in den vorangegangenen Kapiteln geschrieben habe.

Zu Risiken und bei Nebenwirkungen des Buchs wenden Sie sich bitte an:

Praxis für systemische Paar- und Familientherapie
Ulrike Dahm
Gartenstr. 20
82008 Unterhaching
Tel. 089-6118847
www.wege-zum-selbst.de
info@ wege-zum-selbst.de

Zum Schmökern

Winters, Nancy: *Wie erziehe ich meinen Mann.* Verlag Egmont 2003

Gaymann, Peter: *Ich will Dich glücklich machen.* Eichborn Verlag 2000

Höfner, Eleonore: *Die Kunst der Ehezerrüttung.* Rowohlt Verlag 1995

Loriot: *Männer & Frauen passen einfach nicht zusammen.* Diogenes Verlag 2006

Merten, Michaela / Franckh, Pierre: *Der ganz alltägliche Beziehungswahnsinn.* Ariston Verlag 2007

Hellinger, Bert / ten Hövel, Gabriele: *Anerkennen, was ist. Gespräche über Verstrickung und Lösung.* Kösel Verlag 1997